《그리스 신화: 신, 여신, 영웅 핸드북》에 대한 서평

" 앨버트는 유명한 고전 신화를 현대의 페미니즘 시각에서
유쾌하고 거침없이 풀어나간다. "

— 레이첼 스마이스, 《로어 올림푸스》 웹툰 작가

"이 책은 할머니가 읽던 신화 입문서가 아니다. 리브 앨버트는 신선하고, 진보적이고,
익살맞은 말맛으로 그리스 신화를 현대인에게 소개하는 작업을 하고 있다.
사라 리차드의 뛰어난 삽화와 함께 하는 이 책은 후대에 물려줄 가보나 마찬가지다."

— 에밀리 에드워즈, 《문학 작품 안의 찌질남(Fuckbois of Literature)》
팟캐스트 진행자이자 작가

"보는 즉시 빠져드는 아름다운 삽화와 함께 하는 《그리스 신화: 신, 여신, 영웅 핸드북》
은 우리에게 익숙한 이야기들을 신선하고 흥미로운 방식으로 전달하고, 잘 알려지지
않은 신화와 캐릭터, 기원을 탐구해 그리스 신화에 관한 궁금증을 말끔히 해소한다."

— 제니 윌리엄슨, 《고대사 팬걸(Ancient History Fangirl)》 팟캐스트 공동 진행자

"능숙하고 아름답게 서술된 《그리스 신화: 신, 여신, 영웅 핸드북》은 신화 초보자에게 딱 맞는 입문서이자 여전히 이 세계에 영향을 미치고 있는 여러 신화를 더 깊이 탐구하려는 이들에게 좋은 길라잡이다. 지혜로운 페미니스트로서 《로어 올림푸스》나 퍼시 잭슨의 팬이라면 꼭 읽어야 할 책이다."

— 젠 맥메네미, 《고대사 팬걸》 팟캐스트의 공동 진행자

"올림포스산에서 전해져오는 온갖 풍문에 관해 알고 싶은 이에게 이 책을 적극적으로 추천한다. 이 책은 그리스 신화를 처음 접하는 이에게도 오래전부터 이들 신화에 매료된 사람에게도 소중한 책이 될 것이다."

— 마리 필립스, 일러스트레이터로서 개인 홈페이지(MYTHSNTiTS.com) 운영

"앨버트는 이 책에서도 그녀의 장기를 유감없이 발휘한다! 이 안내서는 고대 신화와 대중문화를 촘촘하게 엮는다. 사라 리차드의 화려한 삽화와 함께 떠나는 그리스 신화로의 여행은 신화를 사랑하는 이들은 물론이고 이제 막 애정을 품은 초심자에게도 안성맞춤이다. 이 책은 고대 역사에 재미나게 접근하고 싶어 하는 사람이라면 누구에게나 좋은 선물이다. 사람들은 모두 이런 선물을 바라기 마련이다."

— 라드 박사와 지 박사, 《편파적인 역사가들(The Partial Historians)》 팟캐스트의 공동 진행자

"재밌고, 흥미진진하고, 뛰어난 책이다. 앨버트는 매우 복잡할 수 있는 그리스 신화를 아름다운 삽화를 곁들여 이해하기 쉽게 설명했다."

— 제프 머레이, 예술가

그리스 신화

신, 여신, 영웅 핸드북

아프로디테로부터 제우스에 이르는
그리스 신들의 프로필

리브 앨버트 지음   사라 리차드 그림
이주만 옮김

시그마북스
Sigma Books

그리스 신화: 신, 여신, 영웅 핸드북

발행일 2022년 5월 20일 초판 1쇄 발행
지은이 리브 앨버트
그린이 사라 리차드
옮긴이 이주만
발행인 강학경
발행처 시그마북스
마케팅 정제용
에디터 최연정, 최윤정
디자인 강서형, 김문배, 강경희

등록번호 제10-965호
주소 서울특별시 영등포구 양평로 22길 21 선유도코오롱디지털타워 A402호
전자우편 sigmabooks@spress.co.kr
홈페이지 http://www.sigmabooks.co.kr
전화 (02) 2062-5288~9
팩시밀리 (02) 323-4197
ISBN 979-11-6862-032-2 (03210)

차례

들어가며

미궁에 사는 사악한 괴물을 죽인 뒤 미로를 탈출하는 이야기, 수면에 비친 자기 모습에 홀린 이야기, 활의 명수인 여성 전사와 함께 사냥한 이야기. 그리스 신화에는 위기일발의 순간, 모험과 사랑, 그리고 망가진 가족들의 이야기가 차고 넘친다. 오늘날에도 수많은 책과 영화, 텔레비전 프로그램과 웹툰에 그리스 신화가 등장하는 데는 그만한 이유가 있다. 그리스 신화가 주는 즐거움은 끝이 없고 시대를 초월한다. 수많은 신과 여신, 크고 작은 온갖 동식물, 그리고 결점과 약점이 있는 인간이 함께 어울려 자연속에서 펼치는 이야기에는 감동이 있고 웃음이 있으며 폭력이 난무한다.

고대 그리스 신과 여신들은 비현실적인 힘을 지녔음에도 다들 매우 ⋯ 인간적이었다. 신들은 질투하고 분노했으며 상대에게 속임수를 쓰고 복수를 실행했다. 툭 하면 실수를 저지르고 또 해서는 안 될 일을 저지르곤 했다. 평범치 않은 등장인물들이 생산하는 이야기들은 그 양이 어마어마해서 헷갈리기도 하고 기억하기도 어렵지만 《그리스 신화: 신, 여신, 영웅 핸드북》에서 저자는 이 이야기들을 재미있으면서도 명쾌하게 전달한다. 이 책은 총 4부로 구성되어 있다.

1. 그리스 신화란 무엇인가?

초보자를 위한 장으로서 그리스 신화 여행을 떠나기에 앞서 알아둘 내용을 요약했다(그리스 신화는 언제, 어떻게 시작되었는가?).

2. 올림포스 신들

올림포스 신들을 모두 소개했다.

3. 여러 신과 반신반인

올림포스 신들을 제외한 불멸의 신들을 소개했다.

4. 영웅과 인간들

그리스 신화에서 중요한 위치를 차지하는 영웅과 인간들을 소개했다.

캐릭터별로 항목을 나누어 각 캐릭터의 이름과 별명, 그들이 주재하는 영역과 과제, 전문 분야, 그들의 기원, 그리고 가장 잘 알려진 그들의 모험담에 관해 설명한다. 일부 캐릭터 항목에는 하위 항목이 따로 있다. 해당 캐릭터의 이해를 돕기 위해 밀접한 관계에 있는 신이나 인간을 함께 다룬다.

상식과 교양(왜 행성인 플루토(명왕성)는 어떤 신의 이름을 따서 지었는가?)을 다시 쌓고 싶은가? 그러면 (예컨대, 레이첼 스마이스의 웹툰 《로어 올림푸스》나 모든 이의 사랑을 받은 디즈니 만화영화 《헤라클레스》등의) 대중 예술 작품을 감상하거나 아니면 《그리스 신화: 신, 여신, 영웅 핸드북》에 소개된 흥미로운 이야기들을 즐기는 것이 어떤가? 이 책을 읽으면 고대의 슈퍼스타들이 겪은 시험과 시련을 영화관 앞자리에 앉아 감상하듯 편안히 즐길 수 있다.

제1부

그리스 신화란 무엇인가?

그리스 신화는 수천 년 전부터 구전되어 내려왔다. 고대 신화는 그리스인이 이 세상을 이해하고 설명하는 방편이었다. 세상은 어떻게 창조 되었는가? 인간은 어디서 기원했는가? 이들 신화는 세대와 세대를 거쳐 전해지다가 일부는 서사시 형태로 기록되고, 또 나중에는 희극으로 만들어져 수천 명의 관중 앞에서 공연되었으니 이것이 바로 세계 최초 극장이다.

고대 그리스의 이야기는 철저하게 신화 속 캐릭터 중심으로 진행되었다. 그들의 이야기는 선과 악의 대결, 역경을 극복하고 일궈낸 성공, 약자를 향한 지지와 응원 등과 같이 보편적 주제를 담고 있어서 우리가 오늘날 책이나 영화, 텔레비전에서 흔히 접하는 이야기나 주제와 매우 흡사하다. 그리스 신화와 그 캐릭터들은 과거부터 줄곧 대중 문화 예술에 영감을 주고 있다. 그 이야기들은 시간과 공간에 한계가 없고, 보편적이며 지어낸 이야기 중에서도 가장 흥미진진하고 재미가 있다. 물론, 고대 그리스인(대부분)은 그 이야기들을 허구라고는 생각하지 않고, 언젠가 혹은 당대에 신들이나 괴물을 맞닥뜨렸을 때 생긴 일화로 여겼을 것이다. 신들이 인간과 상호작용하는 방식이 교묘하고, 기만적이고, 걸핏하면 폭력적이라는 점에서 그리스 신화는 무척 남다르다. 미리 경고하건대 그리스 신들은 다른 신들과 님프, 인간들을 공격하는 일이 다반사였다.

❧

그리스 신화와 관련해 염두에 둘 중요한 사실이 하나 있는데 한마디로 이야기의 '변형'이다. 수백 수천 년에 걸쳐 구전된 그리스 신화에는 다양한 판본과 해석이 존재한다. 이 책에는 다른 판본도 일부 포함되어 있지만, "이본에 따르면" 혹은 "다른 판본에 따르면"으로 시작하는 여담을 되도록 줄이고 혼란을 피하려고 특정 판본 위주로 소개했다.

로마인 역시 여러 그리스 신과 신화들을 가져가 자신들의 것으로 만들었다. 신들은 문화권마다 다르게 묘사될 때가 많지만, 그들의 기원은 하나다. 이런 까닭에 그리스 신화와 로마 신화는 서로 융합하는 경우가 많다. 이 책에서는 몇몇 로마 신화도 소개하는데(로마의 시인 오비디우스는 정말로 뛰어난 이야기꾼이었다), 해당 이야기의 기원이 로마일 때는 이 사실을 항상 명시했다.

창조 신화: 신과 티탄

그리스 신화의 세계는 형상이 없는 혼돈의 덩어리, 카오스에서 시작하고 여기서 가이아가 태어났다. 대지모신으로도 알려진 가이아는 대지를 의인화한 것이다. 이내 외로움을 느낀 가이아는 남편 우라노스를 스스로 창조했다(우라노스 행성, 천왕성과 이름이같다). 가이아와 우라노스는 많은 자식을 낳았다.

> **1. 티탄족,** 티탄 신족은 인간처럼 보이지만 이름도 그렇고 신화에서 차지하는 중요성에서 인간과는 크게 다르다. 티탄 신들로 불리기도 한다.
>
> **2. 헤카톤케이레스,** 잘 알려지지 않아서 그렇지 빼어난 외모의 괴물 종족으로 팔이 100개이고 머리가 50개다.

티탄 신족 중에서 크로노스는 특히나 권력을 탐하여 서열의 꼭대기를 차지하려는 욕망에 사로잡혔다. 크로노스는 아버지인 우라노스를 거세하고, 잘린 부분을 바다에 던져버렸다. 이때 떨어진 핏방울들로부터 두 종류의 생명이 탄생했다.

> **1. 에리니에스,** 복수의 여신으로 잘 알려진 이 세 여신은 천륜을 어긴 죄인들을 벌하는 일을 맡았다.
>
> **2. 기간테스,** 살기등등한 거인 종족이다.

그렇게 크로노스는 스스로 이름을 높였지만, 그 일이 잘된 일은 아니었다. 크로노스의 어머니 가이아는 그를 몰아내고 지배자의 자리를 빼앗을 작정이었다. 게다가 또 다른 티탄 신족이자 크로노스의 아내인 레아조차 금세 남편에게 정이 떨어졌다. 남편이 우라노스(레아의 아버지이기도 했다. 그리스 신화 속 부부들은 같은 부모 밑에서 태어난 경우가 많은데, 정신건강을 위해서는 이 문제는 너무 깊이 파고들지 않는 게 상책이다)에게 저지른 짓 때문이 아니라 그녀가 아이를 낳는 족족 크로노스가 통째로 삼켜버렸기 때문이다. 자기 아버지의 왕위를 찬탈했듯이 크로노스도 언젠가는 자기 자식에게 권좌를 빼앗길 것이라는 예언이 있었고, 크로노스는 자식들을 잡아먹어 버리면 불행의 싹을 미리 잘라낼 수 있다고 믿었다.

크로노스와의 사이에서 레아가 다섯 아이를 낳았지만, 세상에 나와 울음을 터뜨리기도 전에 크로노스는 아이를 모두 삼켜버렸다. 자식을 모두 집어삼킨 남편에게 질려버린(너무 당연하게도) 레아는 다음번에는 크로노스의 눈에 띄기 전에 크레타섬에 있는 이다 산에 아이를 숨기기로 수를 냈다. 아버지와 멀리 떨어져서 무사히 자라 어른이 되면 훗날 크로노스가 두려워하는 예언을 실현할 수 있을 것이었다. 레아는 여섯째를 출산할 때 계획대로 아기를 빼돌렸다. 크로노스에게는 커다란 돌덩이를 아이처럼 강보에 싸서 건네주었고, 크로노스는 그것을 그대로 집어삼켰다. 한편 크레타섬으로 보낸 아기는 이름이 제우스였다.

이윽고 제우스는 크로노스가 내내 두려워하던 강력하고 막강한 신으로 장성했다. 그리스 신화에 나오는 예언이 대개 그렇듯이 크로노스가 겁내던 예언도 그대로 실현되었다. 제우스는 어머니의 도움을 받아 크로노스에게 몰래 접근해서 그가 삼킨 자녀들, 곧 제우스의 형제자매들을 토해내도록 만들었다. 뱃속에 갇혀 있던 포세이돈, 하데스, 헤라, 데메테르, 헤스티아가 차례로 "다시" 태어났다. 이 티탄의 자녀들은 크로노스를 권좌에서 끌어내려 유폐했고, 티타노마키아로 불리는 전쟁에서 그들 편에 섰던 다른 티탄들까지 함께 가둬버렸다. 제우스와 형제자매들은 올림포스산을 자신들의 새로운 거처로 삼고, 이 산의 이름을 따서 자신들을 올림포스 신이라 불렀다.

올림포스 주신은 서로 부부가 되거나 다른 신들(이 신들에 관해서는 항목별로 따로 다룬다)과 부부의 연을 맺었고, 그렇게 해서 올림포스 주신이 완성되었다(자세한 이야기는 차차 다루겠다). 이들은 제우스, 포세이돈, 하데스, 데메테르, 헤라, 아테나, 아프로디테, 아폴론, 아르테미스, 헤파이스토스, 아레스, 헤르메스, 디오니소스, 헤스티아였다.

❧

엄밀히 말해 올림포스 주신이라고 하면 언제나 12명이었다. 헤스티아는 나중에 디오니소스에게 자리를 양보했고(그녀는 올림포스 신들이 하는 일에 도통 관심이 없었다), 데메테르는 올림포스 신들 대열에서 빠질 때도 있는데, 주신들과 형제자매 사이이므로 한 자리를 차지할 만하다(이 뒷이야기는 차차 살펴보자).

올림포스 신들은 인간을 비롯해 땅 위에 자연계를 창조했다(이 이야기는 프로메테우스와 판도라 항목에서 다룬다). 세계를 만들어 낸 신들은 이 세계와 거기 거주하는 사람에게 재앙을 내리고 싶을 때면 언제든 그렇게 하기로 했다(그리고 신들은 수시로 세상과 인간을 부수고 싶어 했다).

신과 영웅, 인간, 그리고 괴물들

그리스 신들 가운데 올림포스 신들이 가장 강력하고, 신화에는 이들 외에 수백여 하위 신들이 등장한다. 여기서 **하위 신**들은 다양한 존재를 가리키는데, 이들은 인간과 흡사했고 올림포스 신은 아니어도 불멸의 존재였다. 그리스 신화에는 이 범주에 해당하는 캐릭터들이 무척 많다.

그리스 신화에는 에로스(큐피드)를 비롯해 특히 중요한 이야기에 등장하는 크고 작은 신들이 있고, 크로노스와 함께 유폐된 티탄 말고 프로메테우스와 에피메테우스 같은 티탄 신족도 등장한다. 또 영웅들이 등장한다. 이들은 신들과 인간 사이에서 태어난 혼혈로 남다른 역사와 서사를 지닌다(헤라클레스와 페르세우스, 카드모스 등이 있다). 영웅들의 이야기에는 올림포스 신들이 어떤 식으로든 함께 등장하는 편이지만, 설령 이들이 나오지 않더라도 올림포스 신들의 이야기 못지않게 중요하고 극적이다.

여러 이야기에 등장하는 평범한 인간들도 그리스 신화에서 빼놓을 수 없다. 필멸의 존재인 인간은 신들의 노리개 역할이라든지 신들과의 사이에서 영웅을 낳은 어머니 역할로 자주 등장하고, 아니면 교만한 자의 본보기(신들을 시험한 탄탈로스가 떠오른다)로 벌을 받기 일쑤였다.

그리고 괴물들이 있다. 그리스 신화에 등장하는 괴생명체나 괴물 가운데 몇몇은 강렬하게 기억에 남는다. 외눈박이 키클롭스라든지 머리가 여럿 달린 히드라를 모르는 이는 없을 것이다. 그리스 신화에서 살벌하기로 유명한 괴물 가운데 다수는 티폰과 에키드나 사이에서 태어났으며 이 둘은 상위 괴물이므로 나중에 따로 다룬다.

그 밖의 중요한 하위 신들

↪ 님프는 자연물의 정령으로 자연의 다양한 속성이나 현상과 연관이 깊은 하위 신들이었다. 님프들이 거주하는 장소와 수호하는 역할에 따라 그 종류가 무척 다양하다.

> ↪ **나이아데스**는 강과 개천 같은 담수에 사는 정령이었다. 물의 정령 중에는 오케아니스라 불리는 이들도 있는데, 이들은 티탄 신족인 오케아노스의 딸들이었다. 고대 그리스인은 이 세상을 거대한 강이 둘러싸고 있다고 믿었고 이 거대한 강물을 의인화한 존재가 오케아노스다(오케아니스가 담수의 요정이라니 혼란스럽긴 하다).
>
> ↪ **드리아데스**와 **하마드리아데스**는 숲의 정령이다. 그들은 숲의 나무들을 보호하는 역할을 맡았다. 하마드리아데스와 드리아데스는 수호하는 나무가 각각 다르다는 점에서 차이가 있다.
>
> ↪ **헤스페리데스**는 금성을 의인화한 티탄 신족 헤스페리스의 딸들로서 석양의 정령이다. 이들은 그 유명한 황금 사과가 자라는 헤스페리데스 정원을 지켰다.
>
> ↪ **네레이데스**는 바다의 정령이며 네레우스를 비롯해 여러 해신과 티탄 신족 사이에서 태어난 딸들이다.
>
> ↪ **람파데스**는 지하 세계의 정령들이다. 이들은 사후 세계에서 횃불을 들고 다니며 페르세포네와 헤카테 여신을 수행했다.

↪ **아홉 뮤즈**(그리스어와 라틴어로는 **무사이**)는 지식과 음악, 춤의 여신들로서 고대 그리스의 모든 예술가, 시인, 극작가에게 영감이 되었다. 이들은 제우스와 티탄 신족인 기

억의 여신 므네모시네 사이에서 태어난 딸들이었다. 각각의 뮤즈는 특정한 분야의 영감을 담당하는 여신들이었다. 칼리오페는 서사시의 뮤즈였고, 탈리아는 희극, 에우테르페는 서정시, 테르프시코레는 춤과 합창, 멜포메네는 비극, 폴리힘니아는 찬가, 에라토는 에로틱한 사랑의 시, 클레이오는 역사, 우라니아는 점성학의 뮤즈였다.

→ 운명의 세 여신 혹은 그리스어로 모이라이는 지상에 있는 모든 개인의 운명을 결정짓는 세 여신이다. 고대 그리스인은 생명의 실타래로 개인의 수명이 정해지고, 운명의 여신들이 이 실타래를 엮는다고 믿었다. 클로소 여신이 생명의 실을 뽑아내고, 라케시스 여신이 실을 짜 생명의 길이를 정하고, 아트로포스 여신은 생명의 실을 끊어 죽음에 이르게 한다. 1997년에 나온 디즈니 영화 《헤라클레스》를 보면 관련 장면을 확인할 수 있을 것이다. 이 영화에서는 모이라이를 묘사할 때 셋이서 하나의 눈과 하나의 이빨을 나눠 쓰는 노파로 그리는데, 사실 이는 그리스 신화의 또 다른 세 자매인 그라이아이다.

→ 복수의 여신들 혹은 그리스어로 에리니에스는 앞서 간략히 언급했듯이 복수와 응징의 여신들이다. 이 여신들은 죄인 중에서도 특히 존속살인을 저지른 인간을 응징하는 임무를 맡는다. 이들의 이름은 알렉토, 메가이라, 티시포네였으며 날개가 있고 머리카락이 온통 뱀이거나 아니면 뱀들이 팔다리를 둘러싼 괴물로 묘사되었다.

❧

《해리 포터와 죽음의 성물》에서 성질이 고약한 알렉토 캐로 교수의 이름은 복수의 여신들 가운데 한 명의 이름을 따서 지은 것이다. 알렉토의 오빠 아미쿠스 캐로 역시 그리스 신화에서 이름을 땄다. 아미쿠스는 일부러 싸움을 걸고 권투 시합 중에 사람들을 죽이는 인물이었다.

↱ **세이렌**은 절반은 여자이고 절반은 새의 형상을 지닌 괴물이다. 아름다우면서도 기괴하게 생긴 세이렌은 노래로 뱃사람들을 꾀어 배에서 뛰어내리게 함으로써 죽음에 이르게 하는 것으로 유명하다. 세이렌들을 안전하게 피해갈 방법은 밀랍으로 귀를 완전히 막아 그들의 노래가 전혀 들리지 않게 만드는 것뿐이었다. 그 유명한 오디세우스는 세이렌들의 노래가 듣고 싶었기에 자신을 돛대에 결박시켜 노래를 듣고도 바닷물에 뛰어들지 않도록 했다(배에 탄 선원들은 밀랍으로 귀를 막아 아무런 소리도 듣지 못했다).

↱ **사티로스와 켄타우로스**는 잘 알려진 반인반수들이다. 사티로스는 상반신은 인간이고, 하반신은 염소였으며 악의가 있든 없든 갖은 말썽을 피우는 것으로 알려졌다. 켄타우로스는 상반신은 인간이고 하반신이 말이었으며 난폭한 종족이었는데 키론만은 달랐다(키론은 여러 영웅을 가르친 스승이었으며 1997년에 나온 만화영화 《헤라클레스》에서는 사티로스 종족인 필에게 가르침을 주는 현자로 등장한다).

제2부
올림포스의 신들

고대 그리스의 신은 그 수가 대단히 많다. 상상할 수 있는 거의 모든 것에 이것들을 다스리는 신이나 반신반인이 있다. 새벽과 황혼은 어떨까? 새벽의 신이 있고 황혼의 신이 있다. 서사시는 어떨까? 여기에도 뮤즈 신이 존재한다. 강물과 개천에도 이것들을 각기 관장하는 신들이 있었을 것이다. 하지만 **정말로** 중요한 신은 올림포스의 주신들이다. 이들은 티탄 신족을 꺾고, 우리가 알고 있는 이 세상을 창조한 신들이다. 제우스는 다른 올림포스 신들에게 동식물과 지상의 인간들을 창조하는 임무를 맡겼다.

올림포스 신들은 그들이 창조한 피조물인 인간을 **가지고 놀** 권리가 있다고 생각했다. 실제로도 올림포스 신들은 인간들에게 끊임없이 골치 아픈 문제를 일으켰다. 때로는 폭풍과 역병을 일으켰고, 때로는 지상의 인간들과 "사랑"에 빠졌다. 물론 그것은 **진정한** 사랑이 아니라 강한 힘으로 인간을 통제하려는 욕망일 뿐이었다. 올림포스 신들이 원한 것은 **막강한 힘**이었다.

올림포스 신은 언제나 12명이었지만 시기와 문헌에 따라 그 명단에는 차이가 있었다. 12 주신에는 제우스, 포세이돈, 헤라, 그리고 문헌에 따라 제외되기도 하는 하데스와 데메테르와(혹은) 헤스티아가 포함되는데, 이들은 모두 형제자매간이다. 데메테르가 항상 올림포스 12신에 포함되는 것은 아니다. 데메테르가 올림포스 12신에 포함될 때 하데스가 포함되지 않거나 아니면 그 반대인 경우도 있다. 나중에 신화와 신들의 이야기가 진화하면서 헤스티아도 올림포스 12신에서 빠진다. 헤스티아가 빠지는 시점부터 본래 형제자매간인 신들 사이에서 태어난 자식이 12신 명단에 들어온다. 아테네, 남매지간인 아폴론과 아르테미스, 그리고 헤르메스(모두 제우스의 자식이다). 또 형제지간인 헤파이스토스와 아레스(제우스와 헤라 사이에서 태어났다). 그리고 제우스의 딸이라고도 하고 우라노스의 딸이라고도 하는 아프로디테(이와 관련한 사연은 아프로디테 편에서 자세히 확인할 수 있다), 마지막으로 헤스티아를 대신해 디오니소스가 12신에 들어간다. 디오니소스는 제우스의 아들이지만 유일하게 인간의 몸에서 태어났다.

하늘의 신, 기후의 신, 운명의 신,
법과 질서의 신, 신들의 왕

제우스

또 다른 이름

유피테르, 주피터, 요베(로마식 이름)

제우스는 누구인가?

제우스는 신들의 왕이다. 엄밀히 구분하면 그는 하늘과 날씨 등을 지배하는 신이지만, **사실상** 신들의 신이다. 언제나 자기 뜻을 관철하는 신이었고, 그가 지닌 막강한 힘과 영향력으로 자기가 만나는 이들의 신세를 망쳐놓기 일쑤였다. 제우스는 그리스 신화를 설명하는 거의 모든 대중문화 콘텐츠에 등장하는데, 디즈니 만화영화 《헤라클레스》에 묘사된 사랑이 넘치는 아버지와는 거리가 멀고, 2010년도 영화 《타이탄》에서 리암 니슨이 연기한 제우스와 더 닮았다. 제우스는 신들 간에 싸움을 붙이고, 아름다운 여인(이따금 사내들)이 눈에 띄면 지상으로 내려와 그들을 "유혹"하거나 "납치"해버렸다(인간이든 님프든 여신이든 그는 상대를 가리지 않았다!). 무엇보다 이런 표현은 제우스가 실제로 저지른 만행, 그러니까 성폭행에 비하면 너무나 완곡한 표현이다.

제우스는 믿기지 않을 만큼 포악했다. 제우스를 철석같이 믿는 신과 인간을 착취한 사례는 **헤아릴 수 없이** 많다.

🌿

> 레토, 세멜레, 이오, 에우로페, 레다의 이야기(여기 언급하지 않은 사례도 차고 넘친다)를 비롯해 제우스가 지상의 여인들과 님프, 그리고 여신들을 대상으로 감행한 위험천만한 "모험"을 구체적으로 살펴보자.

제우스는 번개를 무기 삼아 적을 물리친 것으로 잘 알려져 있는데, 이 무기는 그가 하늘과 날씨를 통제함을 상징한다. 고대 사람들은 독수리도 제우스를 상징한다고 믿었고, 독수리가 나타나면 신의 전조로 보았다(트로이 전쟁을 그린 서사시 《일리아드》에서 발톱으로 뱀을 움켜쥔 독수리는 제우스가 보낸 명령과 같았다). 마지막으로, 황소는 그 자체로 제우스를 상징하지는 않아도 황소로 둔갑한 전력이 있어서 제우스와 연관 지을 때가 많다(에우로페 이야기를 참조하자).

우리가 알아둘 이야기

제우스와 관련된 이야기는 끝이 없다. 이 책에 소개된 대부분의 이야기에도 제우스가 등장한다. 사실 제우스가 유명한 진짜 이유는 제우스를 아버지로 둔 신들이 엄청나게 많았기 때문이다. 신들의 이야기마다 제우스가 어떻게 이들의 아버지가 되었는지 등장하니 말이다.

> 제우스는 티탄 신족 므네모시네와 관계하여 아홉 뮤즈의 아버지가 되었고, 티탄 신족 에우리노메와 관계하여 계절의 여신 호라이와 운명

의 세 여신인 모이라이의 아버지가 됐다. 우아함과 미의 여신 카리테스의 아버지이기도 한 제우스는 그의 누이 데메테르와 관계하여 페르세포네의 아버지가 됐다.

⤷ 제우스는 자신의 누이(참으로 괴상한 일이지만 잠깐 그 얘기는 접어두자) 헤라와 결혼하여 전쟁의 신 아레스, 젊음의 여신 헤베, 출산의 신 에일레이티이아의 아버지가 됐다.

⤷ 제우스는 헤라와 결혼한 이후에 티탄 신족 레토와 관계하여 쌍둥이 남매 아폴론과 아르테미스의 아버지가 됐다.

⤷ 제우스는 티탄 신족 메티스와 관계하여 아테나 여신의 아버지가 됐다.

⤷ 제우스는 님프인 마이아와 관계하여 헤르메스 신의 아버지가 됐다.

⤷ 마지막으로 제우스는 지상의 여인 세멜레와의 만남을 통해 디오니소스 신의 아버지가 됐다.

방금 소개한 이들은 제우스의 자식 중에서도 특히 주목받는 이들이고 이 외에도 많고 많다!

신들의 왕 제우스는 그리스 신화에서 유명한 몇몇 인간들의 아버지이기도 하다. 영웅 헤라클레스는 제우스의 아들이었고 알크메네라는 여인이 낳았다. 영웅 페르세우스도 제우스의 아들이었고 다나에라는 여인이 낳았다. 유명한 크레타 왕 미노스(이 왕의 이름 때문에 고대 크레타섬의 문화는 미노스 문명으로 알려졌다)도 제우스의 아들이었고 에우로페라는 여인이 낳았다. 스파르타(나중에는 트로이)의 유명한 헬레네와 그녀의 악명 높은 언니 클리타임네스트라도(나중에 다룰 테지만) 제우스의 딸들로 레다라는 여인이 낳았다.

제우스의 자식은 이들이 전부가 아니고, 지금은 개중에서도 유명한 인물만 맛보기로 소개한 것이다. 신들의 왕 제우스는 신들의 아버지로도 불리는데 비유로 쓸 때도 있지만, 말 그대로 아버지인 경우가 많다. 앞으로 이 책에서 소개할 신들의 이야기는 대부분 각각의 신이 주인공으로 나오지만, 이야기마다 제우스가 등장할 때가 많다. 수많은 신과 인간들의 이야기가 제우스와 관련이 있기 때문이다.

우리가 몰랐던 이야기

목성(주피터, 제우스)의 위성에는 대부분 제우스의 "애인들" 이름을 따서 붙였다(다시 말하지만, 제우스의 행위는 강간에 더 가까웠다). 몇 개만 언급하자면 유로파(에우로페), 이오, 칼리스토가 있다. 여기서 흥미로운 점은 미국 항공우주국에서 발사한 목성 탐사선의 이름이 주노(그리스어로 헤라)라는 것이다. 말하자면 나사는 제우스의 아내를 보내 제우스와 불륜 관계에 있는 여자들을 감시하도록 한 셈이다.

바다의 신, 말의 신, 지진의 신

포세이돈

또 다른 이름

넵투누스(로마식 이름), 땅을 뒤흔드는 자

포세이돈은 누구인가?

올림포스 주신에 속하는 포세이돈은 제우스의 형제로서 바다의 신으로 널리 알려져 있다. 포세이돈은 말의 신이기도 한데 이는 거센 파도가 마치 질주하는 말처럼 보인 데서 유래했을 가능성이 크다. 고대 그리스인은 포세이돈이 지진을 일으킨다고 믿었기에 포세이돈에게 **땅을 뒤흔드는 자**(일종의 별칭이지만 이름과 함께 사용될 때가 많았다)라는 수식어를 붙였다. 포세이돈을 상징하는 동물은 말과 돌고래였고, 미술품에 등장하는 포세이돈은 반은 말이고 반은 물고기인 **히포캄포스**가 끄는 마차를 타고 있을 때가 많다.

　포세이돈은 암피트리테라는 님프와 결혼해 여러 자녀를 두었다. 가장 눈에 띄는 자녀는 트리톤이다. 1989년도 만화영화 《인어공주》에 등장하는 에리얼의 아버지 트라

이튼은 포세이돈의 아들 트리톤의 이름을 가져온 것이다. 하지만 이 만화영화에서 아틀란티카의 왕은 트리톤이 아닌 포세이돈을 기반으로 묘사되었다. 《인어공주》에 나오는 트라이튼은 포세이돈처럼 삼지창을 들고 다닌다. 만화영화의 트라이튼은 매우 친절하고 다정하지만 그리스 신화의 포세이돈과는 거리가 멀다. 포세이돈은 성미가 까다롭고, 별 잘못도 없는 영웅과 인간들을 처단하는 것으로 유명했다. 동생 제우스 못지않은 호색한으로 여인과 님프들을 강간하곤 했다. 포세이돈은 《퍼시 잭슨》 시리즈에서 퍼시(페르세우스)의 아버지로 나온다(다만 신화에 따르면 페르세우스는 제우스의 아들이었고, 포세이돈의 아들로 자주 언급되는 영웅은 테세우스였다).

우리가 알아둘 이야기

고대 도시국가 아테네가 아테네라는 이름으로 불리기 이전에 시민들은 이 도시의 수호신을 선발하는 대회를 열어 대회 결과에 따라 도시 이름을 정하기로 했다. 아테나와 포세이돈이 참가 의사를 밝혔다. 그들은 자신이 얼마나 가치 있는 신인지 입증하기 위해 아직 이름이 없는 도시에 걸맞은 최상의 것을 선물하고, 시민들이 마음에 드는 선물을 선택하기로 했다. 인간들에게는 꽤 좋은 거래였다. 어느 쪽이 이기든 새로 건설한 도시에 유익한 선물을 받게 될 터였다.

두 신의 대결은 도시 중앙에 자리한 아크로폴리스 언덕에서 열렸다. 거기서 신들은 준비한 선물을 공개했다. 포세이돈은 땅을 삼지창으로 두드려 샘물이 솟구쳐 나오게 했다. 포세이돈은 사람들에게 마르지 않는 샘물을 제공했다. 이제 막 성장하는 도시로서는 두말할 것도 없이 유용한 선물이었다(다른 자료에 따르면 포세이돈은 아테네 시민들에게 최초로 말을 선물하기도 했다). 아테나는 군중 앞에서 올리브 나무를 키워냈다. 그러고는 사람들에게 올리브 나무는 목재로 쓰고, 그 열매를 먹을 수도 있고 기름을 짤 수도 있다고 설명했다. 사람들은 아테나가 준 선물을 선택했고, 여신의 이름을 따서 도시 이름을 지었다.

아테네에서 패한 후 포세이돈은 그리스 여러 도시에서 수호신 자리를 두고 다른 신들과 싸움을 벌이는 것이 일이 되었다. 트로이젠에서 포세이돈은 다시 또 도시 이름을 놓고 아테나와 겨루었지만, 이번에는 제우스가 중재를 맡아 두 신이 모두 수호신이 되도록 결정했다. 포세이돈은 아르고스를 두고 헤라와 겨루었고(헤라가 이겼다), 코린토스를 두고 티탄 신족 헬리오스와 겨루었다(사실상 포세이돈이 소유권을 얻었다!).

우리가 몰랐던 이야기

신화에 따르면 그 유명한 트로이의 성벽을 쌓은 이가 바로 포세이돈(과 아폴론)이었지만, 트로이 왕이 합당한 보상을 하지 않자 나중에 바다 괴물을 보내 도시를 공격했다! 종국에는 영웅 헤라클레스가 바다 괴물을 처치하고 트로이 시를 구했으며 포세이돈은 끝까지 원한을 풀지 않았다.

지하 세계의 신, 부의 신, 죽은 자들의 신이자 왕

하데스

또 다른 이름

아이도네우스, 플루톤/플루토(그리스어와 로마식 이름),
디스(로마식 이름)

하데스는 누구인가?

제우스와 포세이돈이랑 형제간인 하데스 역시 올림포스 12신으로 티탄 신족인 크로노스와 레아의 아들이었다. 우리가 아는 하데스는 아마도 디즈니 만화영화 《헤라클레스》에 나온 모습으로 머리카락이 불처럼 타오르는 악당이거나 아니면 레이첼 스마이스의 《로어 올림푸스》에 나온 관능적이고 늠름한 순정남일 것이다(두 작품은 하데스를 전혀 다르게 해석했다!). 하데스는 죽음의 신이 **아니라** 죽은 자들과 지하 세계의 신이었다(죽음의 신은 타나토스였다). 하데스는 재물과 부의 신이기도 했다. 하데스의 로마식 이름인 **디스**는 "부유하다"라는 뜻이다. 하데스에게는 머리에 쓰면 투명 인간이 되는 투구가 있었는데 이는 올림포스 신들과 티탄 신족이 전쟁을 벌일 때 키클롭스가 만들어준 것이었다(끝내주는 무기 같은데 신화에서 그리 자주 등장하지는 않는다).

신들의 로마식 이름은 곧 태양계 행성 이름인 경우가 많다. 하지만 다른 이름과 달리 플루토(명왕성)는 그리스어 이름이기도 하다! 하데스는 특정 종교에서 플루토(혹은 플루톤)라는 이름으로 숭배되었으며 후대에는 그리스 희극을 비롯해 플루토라는 이름이 더 널리 사용되었다.

하데스는 조카딸인 페르세포네를 어릴 때 납치해서 (망측하다) 아내로 삼았다. 결과적으로는 양쪽 모두에게 조금이나마 좋은 쪽으로 일이 마무리되었지만(그리스 신화에서는 보기 드문 성과다) 이들의 이야기는 그 시작을 보면 끔찍하고 비극적이다. 하데스는 비록 죽은 자들의 신이고, 대중문화에서 악당으로 등장할 때가 많지만, 페르세포네를 납치한 일을 제외하면 올림포스 주신 중에서는 행실이 가장 반듯한 편이었다. 하데스는 아내에게 충실했고, 두 신은 서로 사랑을 키운 것으로 보이고 적어도 서로를 존중하게 된 것만은 틀림이 없다. 하데스와 페르세포네는 지하 세계에서 꽤 만족스럽게 살았다. 하데스는 평소에 다른 신들과 어울리지 않고 조용히 지내면서 죽은 자들을 관리했으며 다른 신들이나 인간들에게 아무런 해를 끼치지 않았다. 동생인 제우스가 훨씬 극악무도했음에도 보통 악당으로 그려지는 것은 가엽게도 하데스였다.

우리가 몰랐던 이야기

"하데스"는 본래 지하 세계의 신을 가리키는 이름이었지만, "헤라클레스가 개를 잡아 오려고 하데스로 향했다"(이 정신 나간 과업은 케르베로스 편에서 다룬다)에서처럼 지하 세계 자체를 가리키기도 한다. 지하 세계는 타르타로스로 지칭되기도 하는데, 후자는 지하 세계의 특정 구역을 가리킬 때도 있고 죽은 자들의 세계 전체를 가리킬 때도 있다. 대개는 영원한 형벌이 집행되는 장소를 묘사할 때 쓰인다.

식물의 여신, 봄의 신, 지하 세계의 여신

페르세포네

<u>또 다른 이름</u>
코레, 프로세르피나(로마식 이름)

페르세포네는 데메테르와 제우스 사이에서 난 딸로서 본래 봄과 식물의 성장을 상징하는 여신이었다. **코레**와 **페르세포네**라는 그리스어 이름은 페르세포네가 하데스에게 납치당하기 이전과 이후에 각기 사용되었다. 처음에 그녀의 이름은 코레였고 이는 "소녀" 혹은 "아가씨"("처녀"와 비슷한 의미)를 의미했다. 납치를 당한 이후에 페르세포네라는 이름을 얻었는데 이는 "파괴하다" 혹은 "죽음을 불러오다"(코레보다 멋진 이름이다)라는 뜻이었고, 이후로는 무시무시한 죽음의 여신이자 지하 세계의 여왕이 되었다. 처음 지하 세계에 발을 들인 것은 **문제적 사건**이자 비극(곧 다룰 이야기)이었지만, 페르세포네는 그 자리를 자신의 것으로 삼고 지하 세계의 진정한 여왕이 되었다. 봄의 여신이면서 동시에 무시무시한 죽음의 신으로서 자기 역할에 마음을 다했기에 사람들은 본래 죽은 자들의 신인 그녀의 남편보다 페르세포네를 더 두려워하며 섬기곤 했다.

페르세포네를 납치한 사건은 흔히 "페르세포네를 강간한 사건"을 가리킨다. 그리스 신화에서 "납치"라는 말은 "강간"과 바꿔 써도 무방했다. 아울러 여자를 납치하는 행위는 여성을 사유재산으로 여겨 여성의 육체는 물론 해당 여성에 대한 권리를 전부 갖는다는 의미도 있었다. 해당 사건은 "납치"였고 이는 나아가 "성폭행"을 의미했다.

페르세포네는 열두 달 가운데 몇 달은 지상에서 어머니 데메테르와 시간을 보냈고, 나머지 기간은 지하 세계에서 남편과 보냈다. 페르세포네가 데메테르와 지내는 기간에는 대지가 번창하고 온갖 식물이 자랐다. 페르세포네가 남편과 지내는 기간에는 곡식이 서리에 뒤덮이고 시들어버렸다. 이로써 페르세포네는 봄과 식물의 성장 그리고 겨울이 와서 다시 대지가 잠드는 과정과 결부되었다.

페르세포네는 하데스와의 사이에서는 자녀가 없었지만(일부 전승에 따르면 둘 사이에서 복수의 여신들이 태어났다고도 한다), 아버지 제우스(… 부녀 사이가 **맞다**)와의 사이에서는 자녀를 두었다.

우리가 몰랐던 이야기

들판에 있는 페르세포네 앞에 하데스가 처음으로 나타났다. 그날 페르세포네는 오케아노스의 딸들과 한가로이 놀며 꽃을 따다가 아름다운 수선화에 정신이 팔려 어느 순간 친구들과 멀찍이 떨어져 홀로 남았다. 별안간 그녀 앞에서 땅이 쩍 열리더니 죽은 자들의 신이자 지하 세계의 왕인 하데스가 모습을 드러냈다. 그는 페르세포네를 붙잡고 새까만 말들이 끄는 마차에 강제로 태웠다. 그러고는 순식간에 땅속으로 들어가 지하 세계로 향했다. 하데스에게 붙잡힐 때 페르세포네가 잠깐 사이 내뱉은 비명은 헤카테 여신 말고는 아무도 듣지 못했고, 헤카테는 자신이 들은 것을 페르세포네의 어머니 데메테르에게 알려주었다(데메테르 편에서 이 이야기는 다시 하자). 페르세포네의 아버지 제우스에게 직접 허락을 받았기 때문에 하데스는 자신이 페르세포네를 데려가 강제로 취할 권리가 있다고 여겼다. 데메테르라면 절대 이 일을 용납하지 않을 것을 알고 있었기에 제우스와 하데스는 데메테르에게는 이 일을 언급하지도 않았다.

데메테르는 노발대발하여 딸을 찾아 대지를 헤집고 돌아다녔으며, 땅에 있는 모든 생명체는 생산을 멈추었다. 이에 제우스는 하는 수 없이 하데스가 페르세포네를 단념하도록 전갈을 보냈다. 제우스의 명령이 떨어졌으니 페르세포네는 지하 세계를 영영 떠날 수 있게 되었다. 하지만 페르세포네는 하데스가 건넨 석류 씨를 몇 알 먹고 말았다. 지하 세계의 음식을 먹는 바람에 페르세포네는 1년 중 3분의 1은 새로 얻은 남편 하데스와 보내야 했다(납치는 자동으로 결혼으로 이어졌다). 그리고 나머지 3분의 2는 어머니 데메테르를 비롯해 올림포스의 신들과 보낼 수 있었다. 고대 그리스인은 계절이 바뀌고 추수 때가 따로 존재하는 까닭을 설명할 때 지상 세계와 지하 세계를 오가는 페르세포네의 이중생활 때문이라고 믿었다.

하데스와 페르세포네의 관계를 다룬 이야기는 실제 신화에서보다 훨씬 낭만적으로 그려질 때가 많고, 최근 들어 두 신의 이야기는 여느 신화보다도 큰 인기를 얻고 있다. 가장 눈에 띄는 작품은 하데스와 페르세포네의 이야기를 각색한 레이첼 스마이스의 웹툰 《로어 올림푸스》이다. 저자는 현대 시대를 배경으로 코레라는 소녀에서 무시무시한 지하 세계의 여신으로 변신하는 페르세포네의 이야기를 그린다.

마법의 여신, 주술의 여신, 유령의 여신, 강령술의 여신

헤카테

헤카테는 그리스 신화에서 그 정체가 신비에 싸여있다. 티탄 신족 페르세스와 아스테리아 사이에서 태어났을 것으로 짐작되고 그리스 미술품에서는 흔히 횃불을 들고 있는 모습으로 묘사된다. 출생에 관해 여러 전승이 전해오고 그녀가 하는 일도 비밀스러워서 티탄 신이라고도 하고 하위 여신이라고도 하는데, 어느 쪽이든 매력적인 신이었고 그 역할이 중요했으며 무척 강력한 **마녀**였다. 헤카테는 고대 그리스인이 **파르마카**라 부르는 일을 했는데, 이것은 식물과 약초를 사용해 약품을 만드는 일이었다(오늘날 약품을 뜻하는 **파머시**라는 영어 단어는 여기서 유래했다). 고대 그리스인은 헤카테가 수많은 독초와 독약을 발견했고, 그것들을 투창과 장창 끝에 발라 치명적인 무기를 만들었다고 믿었다. 일부 전승에 따르면 헤카테는 우연히 마주친 이방인을 대상으로 독성을 시험하곤 했다. 독이 든 음식을 이방인에게 대접하고 나서 그들이 어떻게 반응하는지 살폈다고 한다.

헤카테는 데메테르 여신이 납치된 딸 페르세포네를 찾아다닐 때(앞서 언급한 횃불을 들고) 그 곁을 지킨 것으로 가장 잘 알려졌다. 누구에게 납치당했는지 바로 알아내지는 못했지만, 페르세포네의 비명을 들은 이가 바로 헤카테였다. 페르세포네가 하데스와 함께 지하 세계에 살고 있음을 알아내고 나서는 죽은 자들의 세계에서 페르세포네의 친구가 되었다.

마법의 여신인 헤카테는 주로 교차로나 무덤가에서 시간을 보냈고, 족제비 한 마리

와 개 한 마리가 따라다니곤 했다. 이 개는 헤카베라는 여인으로 본래 트로이의 왕비였다. 헤카베는 트로이가 몰락하고 나서 그리스 병사들에게 붙잡혀 노예로 끌려가지 않으려고 바다에 뛰어내렸고 개로 변신했다.

❧

일부 전승에 따르면, 헤카테는 지하 세계에서 페르세포네의 친구가 되어 죽은 자들의 영혼과 함께 돌아다니며 시간을 보낼 때가 많았고, 개들이 울부짖으면 이는 헤카테 여신이 가까이 있음을 알리는 신호였다.

그리스 신화의 다른 여신(예를 들어, 헤스티아)과 마찬가지로 헤카테는 그리스 세계에서 그 역할이 엄청나게 중요했음에도 있는지 없는지 모를 정도로 그녀에 관한 기록을 찾기가 쉽지 않다.

☽

지하 세계 파수꾼

케르베로스

케르베로스는 지하 세계를 지키는 하데스의 충직한 개였다. 그리스 신화에 등장하는 유명한 "괴물들" 가운데 하나인 케르베로스는 머리가 셋이나 달린 거대한 개였고, 불청객들의 침입을 막고 죽은 자들의 영혼이 지하 세계의 경계를 넘어서지 못하도록 입구를 지킨다. 케르베로스는 머리가 셋 달린 개로만 알려졌지만, 간혹 꼬리가 뱀으로 되어 있고 뱀들로 이루어진 갈기 달린 모습으로 묘사되기도 한다. 일부 전승에 따르면 케르베로스가 흘리는 침에 독이 있어서 마법의 여신 헤카테가 사용했다고도 한다. 케르베로스는 괴물인 티폰과 에키드나의 자식이었고, 따라서 신화에 나오는 유명하고 무시무시한 괴물들과 형제간이었다.

케르베로스는 여러 변형된 모습으로 대중문화 속에서 등장하는데, 일례로 해리포터 1권에 나오는 해그리드의 개 플러피는 마법사의 돌을 지키는 역할을 맡았다. 그리스 신화에서는 영웅 헤라클레스가 마지막 열두 번째 과업으로 케르베로스를 포획하는 이야기가 가장 유명하다. (디즈니 만화영화《헤라클레스》에서도 케르베로스가 화면에 많이 나오지는 않지만 똑같은 역할로 짧게나마 등장한다.)

헤라클레스와 12가지 과업 이야기에서 에우리스테우스라는 남자는 헤라클레스에게 지하 세계에 있는 하데스의 사나운 개 케르베로스를 잡아 오라는 과업을 부여한다. 에우리스테우스는 진짜로 이 괴물을 보고 싶어서가 아니라 헤라클레스가 이 과업을 수행하다가 죽임을 당하길 기대했을 뿐이다. 일부 전승에 따르면 헤라클레스는 페르세포네의 도움으로 이 과업을 완수했다. 페르세포네가 헤라클레스에게 개를 건넸고, 헤라클레스는 개를 데리고 무사히 에우리스테우스에게 돌아갔다. 또 다른 전승에서는 헤라클레스가 무기를 사용하지 않고 두 손만으로 개를 제압할 수 있다면 개를 데리고 가도 좋다고 하데스에게 허락을 받았다고 한다. 헤라클레스는 그리스 영웅들 가운데 제일 힘이 셌기 때문에 케르베로스를 쉽사리 제압해 에우리스테우스에게 데려갈 수 있었다.

유명한 악사이자 영웅 오르페우스도 아내 에우리디케를 데려오려고 지하 세계에 갔을 때 케르베로스를 대면했다. 해리포터에서 음악을 들려주면 플러피가 잠에 빠지듯이 그리스 신화에서 오르페우스는 음악으로 괴수를 조용히 잠재웠다.

농업과 수확의 여신

데메테르

또 다른 이름

케레스(로마식 이름)

데메테르는 누구인가?

데메테르는 최초의 신들 가운데 하나였고(크로노스와 레아 사이에서 태어난 딸), 지하 세계의 여왕 페르세포네의 어머니로 가장 유명하다. 농업과 수확의 여신인 데메테르는 고대 그리스인들의 농사를 관장하는 역할로 매일의 삶에 없어서는 안 되는 신이었다.

또 데메테르는 훗날 엘레우시스 "밀교"에서 숭배하는 여신이 되었다. 비밀 의식을 거행하는 엘레우시스 밀교의 교도들은 사람이 죽으면 특별한 곳, 곧 축복받은 엘리시움에서 살게 되리라고 믿었다. 고대의 밀교는 현대의 사이비 종교와는 달라서 공식적으로 입회한 교도들끼리만 의식에 참여하고 그 외에는 비밀을 절대 누설하지 않는 사람들의 모임일 뿐이었다. 엘레우시스 밀교는 고대 그리스 밀교 중에서도 그 가치와 규모 면에서 가장 중요했다.

우리가 알아둘 이야기

데메테르의 딸 페르세포네가 하데스에게 납치당하고 데메테르는 넋이 나가 어쩔 줄 몰랐다. 처음에는 딸에게 무슨 일이 일어났는지 도무지 감을 잡을 수가 없었다. 데메테르는 아흐레 밤낮으로 딸을 찾아다녔고, 그러는 동안 먹지도 마시지도 않았다. 마법의 여신 헤카테를 만나고서야 페르세포네가 납치를 당했으며 비명은 들었지만 누가 그랬는지 보지 못했다는 이야기를 들었다. 헤카테는 딸을 찾아다니는 데메테르를 돕겠다고 제안했다. 두 여신은 함께 티탄 신 헬리오스를 찾아갔다. 날마다 태양 마차를 끌고 하늘을 가로지르는 신이니 페르세포네가 납치당하는 광경을 보았을지 모르는 일이었다. 지하 세계의 신 하데스가 딸을 납치했다고 데메테르에게 알려준 이는 다름 아닌 헬리오스였다. 헬리오스는 그 일이 제우스의 승인 아래 이루어졌다는 사실도 덧붙였다.

이 소식, 즉 자신과 남매 사이이며 페르세포네에게는 친부(… **그렇다**)인 제우스가 하데스에게 딸을 **납치해도** 좋다고 허락했다는 사실은 데메테르에게 마지막 결정타였다. 당혹감과 두려움은 분노로 변했고, 그녀는 올림포스로 되돌아가지 않기로 마음먹었다. 극도의 분노와 절망감에 사로잡힌 데메테르는 정처 없이 지상을 배회했다. 데메테르는 농업을 다스리는 여신이었기에 그녀가 느끼는 절망감은 대지에 그대로 반영되었다. 데메테르가 분노와 절망에 차 있을 때 땅에서는 아무것도 자라지 않았다. 곡식은 시들어 죽어가고, 대지는 메말라 황폐해졌다.

지상을 떠돌던 데메테르는 어느 날 엘레우시스에 이르렀고, 그곳에서 인간의 모습으로 변신해 왕과 그 가족을 만났다. 이즈음 데메테르는 딸에 대한 사무치는 그리움을 잠시라도 떨치고 삶을 지탱할 작은 의미라도 찾고 싶었다. 데메테르는 엘레우시스 왕가에 태어난 데모폰의 유모로 지내기로 했다. 데메테르는 아기를 너무 사랑하게 된 나머지 아기가 언젠가는 죽을 운명의 인간이라는 생각이 들자 마음이 아파서 아기를 불사의 몸으로 만들어주고 싶었다. 그러기 위해 아기를 밤새 불 속에 집어넣었는데, 하루는 데모폰의 어머니가 이를 목격하고 두려움에 떨며 비명을 질렀다(얼마나 끔찍한 광경이었겠는가!). 데메테르는 그저 아기를 도와주고 싶은 마음뿐이었기에 화가 났다. 여신은 자신의 정체를 드러내고 아기 엄마를 꾸짖었다. 화가 난 데메테르가 엘레우시스를 떠나자 사람들은 여신을 달래기 위해 신전을 세웠다.

데메테르의 절망감으로 대지가 얼어붙고 기근이 심해지자 제우스도 이 상황을 가만히 지켜만 볼 수가 없었다. 제우스는 데메테르를 달래며 대지에 다시 생명을 불어넣어 달라고 간청했다. 하지만 데메테르는 딸을 되찾을 수 있다는 확신이 서기 전에는 아무것도 하지 않을 작정이었다. 제우스는 데메테르의 뜻을 받아들여 결국은 하데스에게 페르세포네를 되돌려주라고 명령했다. 하지만 하데스는 페르세포네를 돌려주기에 앞서 그녀에게 석류 씨를 몇 알 먹였고, 지하 세계의 과일을 먹고 만 페르세포네는 한 해를 쪼개서 일정 기간은 어머니와 또 일정 기간은 새로 얻은 남편과 보내지 않으면 안 되었다. 고대 그리스인은 페르세포네가 이렇게 1년을 나누어 지내는 방식으로 계절의 변화를 이해했고, 겨울철에 땅이 생산을 못하는 현상을 설명할 때는 페르세포네가 남편과 지하 세계에 있는 동안 어머니가 슬퍼하며 딸을 그리워하는 시간이라고 이해했다.

우리가 몰랐던 이야기

신들은 인간을 영생불사의 몸으로 만들 때 해괴하기 짝이 없는 방법을 쓰곤 했다. 데메테르는 활활 타오르는 불 속에 데모폰을 집어넣었고, 아킬레우스의 어머니 테티스 여신은 아들을 가마솥의 끓는 물에 담갔다. 두 여신 모두 그들의 행위를 이해하지 못한 인간들(아킬레우스의 아버지 펠레우스가 테티스를 목격했다)이 혼비백산해서 비명을 지르며 끼어드는 바람에 의식을 중단했고, 이로써 아이들의 앞날도 바뀌었다.

결혼의 신, 여성의 신,
출산의 신, 신들의 여왕

헤 라

또 다른 이름
유노(로마식 이름)

헤라는 누구인가?

다소 역설적인데 헤라는 결혼의 여신이지만 하필 제우스의 아내였다(제우스는 결혼 서약을 그리 존중하지 않았지만 헤라는 충실했다). 헤라는 결혼을 수호하는 여신이었음에도 자기 남편과 잠자리를 하거나 혹은 남편이 겁탈하려는 여자들에게 형벌을 내리기 일쑤였다. 헤라가 제우스를 응징한 경우는 드물었는데, 신들의 왕을 응징하는 일은 나약한 여인들을 벌하는 일보다 훨씬 힘들었기 때문이거나 아니면 정말로 그 여인들에게 잘못이 있다고 여겼기 때문일 것이다. 어찌 됐든 신화 속에서 헤라의 역할은 주로 제우스와 관계한 여인들이나 그들이 낳은 자식들을 파멸시키는 일이었다. 디즈니 만화영화 《헤라클레스》에서 우리가 보는 헤라는 사랑스러운 여신이지만 이는 신화 속 헤라의 모습과는 딴판이다.

헤라와 헤라클레스의 관계를 떠나, 헤라와 제우스의 결혼 생활이 어땠는지 아는 사람이라면 디즈니 만화영화 《헤라클레스》에 나오는 헤라를 더 재미나게 즐길 수 있다. 헤라클레스는 태어나면서부터 헤라가 선사하는 위험천만한 장애물과 괴롭힘을 모면하는 것이 일이었다.

제우스의 수많은 자식은 대부분 그의 아내가 아닌 다른 여인들에게서 태어났지만, 적어도 세 명은 헤라의 자식이었다. 전쟁의 신이자 둘 사이에서 유일하게 올림포스 주신에 포함되는 아레스, 젊음의 여신인 헤베(우여곡절 끝에 헤라클레스와 결혼한다), 그리고 출산의 여신 에일레이티이아가 있었다. 하지만 헤라에게는 제우스 혹은 남자의 도움을 전혀 받지 **않고** 혼자 낳은 헤파이스토스가 있었다! 끊임없이 다른 여인(그녀들이 동의했든 동의하지 않았든)과 불륜을 저지르는 남편에게 헤라는 화가 났고, 그 여인들을 통해 끊임없이 자식(신이든 인간이든)이 생산되는 것에 치를 떨었다. 개중에서도 특히 아테나를 싫어했는데, 그것은 제우스가 홀로 낳은 자식이었기 때문이다(아테나에게도 어머니가 있었지만, 제우스가 그녀를 삼켜버렸다! 자세한 이야기는 아테나 편에서 살펴보자). 그래서 헤라는 온전히 자신만의 자식을 얻을 요량으로 헤파이스토스(헤파이스토스 편에서 자세하게 다룬다)를 홀로 잉태했다.

우리가 알아둘 이야기

헤라는 주연급은 아니어도 수많은 그리스 신화에 등장하고 대개는 남편이 저지른 **하고많은** 부정을 응징하는 역할로 나온다. 헤라가 등장하는 이야기 중에서는 헤라에게 푹 빠진 익시온이라는 사내의 이야기가 특히 흥미롭다. 익시온은 "그녀를 사랑했다"고 믿었지만, 사실은 헤라 여신을 만나 그녀가 원하든 원치 않든 기어코 동침하고 말겠다고 흑심을 품은 것에 불과했다. 익시온은 헤라를 찾아내 그녀를 덮쳤다. 헤라는 익시온을 떼어내고 달아나 곧장 제우스에게 가서 무슨 일이 있었는지 설명했다. 제우스는 익시온이 저지른 짓에 분개했고 익시온을 현행범으로 붙잡기 위해 다시 익시온을 유혹하기로 계획을 세웠다. 다행히 헤라를 미끼로 이용할 생각은 하지 않았다. 제우스는 구름을 변신시켜 헤라의 형상과 닮게 만들어 익시온이 닿을 수 있는 곳에 두었다. 익시온은 당연히 제우스의 계략에 속아 넘어갔고 이 구름을 헤라로 착각해 덤벼들었다. 한술 더 떠 익시온은 자기가 한 짓을 떠벌리고 다녔고 이에 분노한 제우스는 필멸의 인간들에게 내리는 형벌 중에서도 조금 더 기발한 형벌을 내렸다. 불타는 수레바퀴에 묶인 채 영원히 하늘(지하 세계라고 말하는 이들도 있다)을 떠돌게 한 것이다.

한편, 구름으로 만든 헤라(네펠레라는 이름이 붙었다)는 익시온에게 겁탈당했을 때 잉태해 펠리온산에서 **빗방울을 쏟아내며** 켄타우로스(반인반마 종족)를 출산했다.

우리가 몰랐던 이야기

헤라는 그녀가 총애하던 파수꾼 아르고스 파놉테스가 헤르메스의 손에 목숨을 잃었을 때(이 이야기는 이오 편에서 살펴보자) 충격을 받아 그의 눈알을 하나하나 공작의 깃털에 붙여 그를 기념하고, 공작을 그녀를 상징하는 동물로 삼았다. 고대 그리스인은 공작 날개의 무늬가 눈알과 닮은 이유를 이렇게 설명했다.

아테나

또 다른 이름
팔라스 아테네, 미네르바(로마식 이름)

아테나는 누구인가?

아테나는 제우스가 가장 총애한 딸이었고, 이 딸을 향한 애정을 숨김없이 드러냈다. 아테나의 아버지는 신들의 왕이었고, 어머니는 티탄 신족 메티스였다. 판본에 따라 메티스가 제우스의 첫 번째 아내였다고도 하고 혹은 메티스가 제우스의 첫 번째 불륜 상대였다고도 한다. 어느 쪽이든 제우스는 메티스와 함께 시간을 보냈고 메티스는 아테나 여신을 잉태했다. 그러나 이 일 직후에 제우스는 메티스가 낳을 자식이 자기 자신보다 훨씬 더 지혜로운 신이 될 운명이라는 사실을 알게 되었다. 제우스는 이 예언에 두려움을 느낀 나머지 메티스가 자식을 낳지 못하도록 하고 싶었다. 제우스는 이 "문제"에 대한 해결책으로 메티스를 통째로 삼켜버렸다.

메티스가 제우스의 뱃속에 들어간 후에도 메티스의 아이는 그 안에서 생명을 이어 나갔다. 아이가 뱃속에서 계속 자라자 제우스는 지독한 두통을 겪기 시작했다. 끔찍한 고통을 도저히 감당할 수 없게 되자 제우스는 이 문제를 어떻게 해결하면 좋을지 올림포스산의 신들에게 물어보기로 했다. 제우스의 두개골을 도끼로 쪼개면 압력이 빠지고 끔찍한 두통이 사라질 것이라는 의견이 나왔다. 제우스는 이 의견에 공감했고, 올림포스 신인 헤파이스토스에게 도끼로 자신의 머리를 내려치라고 부탁했다. 헤파이스토스가 제우스의 요청대로 도끼를 휘둘렀더니 제우스의 머리에 생겨난 틈새로 장성한 아테나가 갑옷을 입은 채 방패를 휘두르며 튀어나왔다.

아테나는 그리스 신 중에서도 매우 유명한 신이다. 그녀는 아테네를 비롯해 여러 고대 도시국가의 수호 여신이었다. 아테나 여신의 로마식 이름인 미네르바가 해리포터 시리즈에서 맥고나걸 교수의 이름으로 쓰인 것은 아무래도 이 교수의 지혜와 용기를 보여주는 것일 테다.

우리가 알아둘 이야기

이름을 떨친 고대 그리스 영웅들의 활약상 뒤에는 대부분 아테나 여신이 있었다. 그녀는 영웅들의 조력자로서 어떤 식으로든 도움을 주었다. 아테나는 트로이 전쟁에서도 편파적이지 않은 방법으로 그리스 연합군에 힘을 실어 주었다. (그녀와 헤라는 기회가 닿을 때면 함께 뜻을 모아 그리스 연합군이 트로이 동맹국을 이기도록 도왔다.)

일부 후기 신화에서는 아테나가 다른 역할을 보여주기도 한다(메두사 편을 참조할 것). 일례로, 로마의 시인 오비디우스가 다시 들려주는 그리스 신화에서 아테나는 여인들을 응징하는 신으로 자주 등장한다.

그런 사례 중 하나가 아라크네 이야기이다. 아라크네는 길쌈 솜씨가 무지무지 뛰어난 아가씨였다. 솜씨가 출중해서 모르는 이가 세상에 없을 정도였다. 그녀가 길쌈하는 모습을 구경하려고 멀리서도 사람들이 찾아오곤 했다. 그러던 어느 날 아라크네는 아테나 여신을 입에 올리며 여신이 자기를 인정하지는 않겠지만 자기 솜씨는 여신에게 직접 배운 것 마냥 뛰어나다고 자랑했다. 그리스 신화에서 변하지 않는 교훈이 하나 있다면 그것은 인간은 절대로 자기 자신을 신과 견주어서는 안 된다는 사실이다(그 결과는 **언제나** 파국이었다). 아테나 여신은 아라크네가 자랑하는 말을 듣고 아라크네를 만나보기로 했다. 아테나는 연약한 노파로 변신해 아라크네를 찾아가 인간이 신들과 자신을 비교하는 잘못을 저질러서는 안 된다고 경고하며 여신에게 용서를 구하는 기도를 올리라고 타일렀다. 그러나 아라크네는 아랑곳하지 않고 이전에 했던 말을 노파에게 되풀이하며 그따위 충고는 필요 없다면서 이번에는 한술 더 떠 아테나 여신이 직접 찾아와서 대결을 벌이면 될 일이라고 주장했다! 이 말에 아테나는 분노와 투지가 끓어올랐다. 여신은 즉시 제 모습을 드러내고 수놓기 대결을 받아들였다.

아테나와 아라크네는 그 자리에 모인 사람들의 상상을 훌쩍 뛰어넘는 놀랍고, 엄청난 그림을 수놓았다. 아테나는 신들이 영광스러운 모습으로 함께 하는 아테네 도시의 모습을 수놓았다. 반면에 아라크네가 베 폭 가득히 수놓은 장면들은 모두 신들이 인간을 속이고, 해코지하고, 이런저런 이유로 인간을 벌하는 이야기였다. 그 이야기들은 대체로 아테나가 사랑하는 아버지 제우스가 등장하는 장면으로 제우스가 여인들을 겁탈해 결국에는 여인들이 파멸하고 말았던 사건들이었다. 아테나의 자수보다 아라크네의 자수가 더 인상적이었음은 물론이거니와 남다른 자부심이 실력에서도 드러났다. 아라크네는 신들이 저지른 일들을 만인 앞에 전시했고, 아테나의 기분이 좋을 리 없었다.

아테나는 제우스가 유독 사랑하는 딸일 뿐 아니라 아버지의 성질까지 그대로 닮았다. 아라크네의 자수를 본 아테나는 그녀가 수놓은 옷감을 찢어버리고 자수 놓는 도구까지 모두 산산조각을 냈다. (아라크네의 자랑거리를 모조리 파괴한) 아테나 여신 때문에 괴로움에 휩싸인 아라크네는 스스로 목숨을 끊으려 했다. 하지만 아테나는 아라크네를 불쌍히 여겨 마지막 순간에 아라크네의 목숨을 구하고 거미로 변신시켰다.

우리가 몰랐던 이야기

아테나와 아라크네의 이야기는 거미의 탄생 기원을 설명하는 신화로도 알려져 있다. 거미가 직조하는 정교한 창작물은 너무나 쉽게 파괴될 수 있다. **아라크네**는 고대 그리스어로 "거미"를 의미하고, 여기서 영어 단어 *arachnid*(거미류)가 유래했다.

〰

사랑의 여신, 미의 여신, 성애의 여신

아프로디테

또 다른 이름

베누스(로마식 이름), 키프로스의 여신

아프로디테는 누구인가?

아테나와 더불어 아프로디테는 그리스 여신 중에서도 특히 유명하다. 사랑의 여신을 모르는 이는 아무도 없다! 빼어난 미모(아프로디테도 자신의 미모가 출중함을 잘 알았다)와 욕정을 일으키는 능력으로 유명했던 아프로디테는 키프로스 근처에서 태어났기에 키프로스 여신으로 불리기도 한다. 우라노스가 거세당할 때 발생한 거품에서 아프로디테가 태어났다고 말하는 이들도 있고, 사실은 제우스와 티탄 신족 디오네의 딸이었다고 말하는 이들도 있다.

아프로디테는 **명목상** 헤파이스토스와 결혼했지만 둘의 결혼 생활은 행복하지 않았다. 헤파이스토스의 덫에 걸린 헤라를 풀어달라고 제우스가 요청했을 때(헤파이스토스 편을 참조할 것) 그 조건으로 아프로디테를 당사자 의지와 상관없이 헤파이스토스와 결혼시킨 것이었다. 아프로디테는 헤파이스토스와 부부였지만 여러 신과 불륜을 저질렀다. 개중에는 아레스, 아도니스, 헤르메스, 디오니소스, 포세이돈이 있다. 아프로디테와 아레스는 하르모니아(카드모스 편을 참조할 것) 여신을 비롯해 여러 자식을 두었고, 일설에 따르면 사랑과 성욕의 신인 에로스도 둘 사이에서 태어났다고 한다. 아프로디테와 아레스는 수많은 밀회를 즐겼고 둘의 뜨거운 불륜 현장이 발각된 일화는 특히 유명하다(이 극적이고 흥미로운 이야기는 아레스 편을 참조할 것).

> 대다수 전승에 따르면 아프로디테는 여러 자녀를 낳았지만, 남편 헤파이스토스와의 사이에는 자식이 없었다. 그녀는 남편을 사랑하지 않았지만, 헤파이스토스를 떠나지는 않았다.

우리가 알아둘 이야기

아프로디테와 아도니스의 이야기는 그리스 신화에서 잘 알려진 연애 이야기인데, 다만 아도니스는 인물 자체보다는 특정한 속성을 설명할 때 더 많이 쓰인다. **아도니스**라는 말은 이제 아름답고 잘생긴 남자의 대명사가 되었다.

아프로디테는 아도니스가 세상에 태어나자마자 한눈에 반했다(이 일이 얼마나 심각한 문제인지는 깊게 따지지 않겠다). 아프로디테는 아기를 보는 순간 장차 아기가 자라면 그를 갖고 싶어지리라는 것을 직감했다. 그래서 아기를 지하 세계로 데려가 봄의 여신이자 지하 세계 여왕인 페르세포네에게 아기가 다 자랄 때까지 지켜봐달라고 부탁했다. 하지만 아도니스가 장성하자 페르세포네 역시 그에게 마음을 빼앗겼고 아프로디테가 찾아왔을 때 그를 넘겨주지 않을 마음을 먹는다.

아도니스는 다행히도(아직은 어리지만) 무사히 장성했는데, 두 여신은 서로 어느 쪽도 아도니스에 대한 권리를 포기할 생각이 없었다. 아도니스를 놓고 다툼이 가열되자 제우스가 중재에 나섰다. 제우스는 페르세포네와 마찬가지로 아도니스가 1년 중에 일정 기간은 아프로디테와 보내고, 또 일정 기간은 페르세포네와 보내도록 하고, 덤으로 나머지 기간은 홀로 시간을 보낼 수 있도록 결정했다. 하지만 아도니스는 아프로디테를 더 좋아했기에 홀로 시간을 보내는 대신 아프로디테와 더 많은 시간을 보냈다.

아프로디테는 아도니스와 함께 있을 때면 그에게 전념했다. 아도니스가 가고 싶은 곳이 있으면 그 어디든 데려가고, 심지어 자신은 평소에 즐기지 않는 일이라도 아도니스가 좋아하는 일이라면 함께했다. 아도니스가 사냥을 떠날 때면 아도니스도 동행했다. 어느 날 사냥을 나갔다가 아도니스는 멧돼지와 마주쳤다. 아도니스는 창을 던져 멧돼지를 맞혔지만, 오히려 성질만 돋운 결과를 낳았다. 아프로디테가 미처 손 쓸 새도 없이 멧돼지가 아도니스를 들이받았다. 아프로디테는 죽어가는 아도니스를 안고 마지막 입맞춤을 했다. 아도니스의 피로 물든 땅에서는 아네모네라는 붉은 꽃들이 자라기 시작했다.

❧

아프로디테의 또 다른 연인으로 트로이 사람 안키세스도 빼놓을 수 없다. 아프로디테가 자기는 인간의 자식을 낳은 적이 없다고 자랑하자 제우스는 아프로디테가 인간인 안키세스에게 욕정을 품도록 만들었다. 아프로디테는 안키세스와 정을 통하고 아이네이아스를 낳았으며 이 아이는 트로이의 왕자로 로마의 전승에 따르면 훗날 로마를 건국한 시조가 되었다.

우리가 몰랐던 이야기

아프로디테가 헤르메스와 함께했을 때 낳은 헤르마프로디토스는 두 신의 이름을 결합한 이름이다. 헤르마프로디토스는 장성해서 살마키스라는 님프를 만나고 둘이 한 몸으로 결합했다. 그리스 신화에 따르면 이렇게 해서 최초의 양성구유가 되었다.

✿

음악의 신, 예언의 신,
치료의 신, 역병의 신

아폴론

또 다른 이름
포이보스 아폴로(그리스어와 로마식 이름)

아폴론은 누구인가?

아폴론은 음악, 예언, 치료, 역병의 신으로 흔히 포이보스 아폴로라고 한다(**포이보스**는
"밝게 빛나다"라는 뜻으로 그의 할머니인 티탄 신족 포이베에서 유래했다). 아폴론은 여신 아
르테미스와 쌍둥이 남매지간이었다. 티탄 신족 레토가 어떻게 쌍둥이를 낳았는지 그
이야기는 **파란만장하다**(레토 편에서 더 자세히 살펴보자). 비록 아폴론이 티탄 신족을 격
파했던 올림포스 12신 중 하나는 아니었지만, 그리스 신 중에서 매우 중요하고 유명
한 신이었다. 아폴론과 그 누이는 함께 아이들을 수호하는 역할을 맡았다. 아폴론은
소년들을 지키고 아르테미스는 소녀들을 지켰다.

로마인들은 그리스 신들의 이름을 로마식으로 바꿔 불렀는데 다른 신들과 달리 아폴론의 이름은 거의 달라지지 않았다. 그리스식으로는 아폴론, 로마식으로는 아폴로다.

세상에서 아폴론이 맡은 영역은 무척 다양했다. 음악의 신이었던 아폴론은 아홉 뮤즈와 연관이 있고, 고대 그리스 악기인 리라를 든 모습으로 그려질 때가 많다. 아폴론은 또 예언의 신으로서 그 유명한 델포이 신탁은 아폴론이 내린 예언을 지칭한다. 사람들은 피티아(신탁을 받는 무녀)가 아폴론의 말을 직접 전한다고 믿었다. 신화에서나 현실에서나 고대 그리스인들은 머나먼 길을 떠나 신탁소를 찾아가 신의 뜻을 물었다. 신탁의 예언과 관련해서 그리스 신화에서 관통하는 주제는 인간은 신탁의 운명을 거부하려고 갖은 수단을 쓰지만 그러는 사이 자기도 모르게 그 예언을 그대로 실현하게 된다는 것이다. 아폴론은 치료의 신(동시에 역병과 질병의 신)으로서 의술을 담당했으며, 이 의술은 하위 신에 해당하는 아스클레피오스(의술의 신)와 그의 딸 히기에이아(청결과 위생의 여신)에게로 이어졌다.

우리가 알아둘 이야기

히아킨토스는 스파르타의 젊은 왕자로 스파르타를 건국한 이의 손자였다. 영향력 있고 중요한 인물이었던 그는 무엇보다 용모가 **빼어나게 아름다웠다.** 히아킨토스가 워낙 수려했던지라 아폴론 신도 서풍의 신 제피로스도 그에게 반했다. 히아킨토스도 아폴론을 좋아했기에 둘이 함께 시간을 보낼 때가 많았다. 어느 날 연인은 함께 원반던지기 시합을 했다(고대의 프리스비 놀이인 셈이었다). 로마의 시인 오비디우스에 따르면 둘은 제대로 시합을 진행하기 위해 규칙대로 알몸 상태에서 몸에 기름을 칠했다. 시합은 곧 치열해졌고 둘은 누가 더 멀리 원반을 던지는지 가리기로 했다.

아폴론이 먼저 원반을 던졌다. 신이었기에 원반 던지는 솜씨도 당연히 빼어났다. 원반은 멀리멀리 뻗어 나갔고, 히아킨토스는 그 원반을 붙잡으려고 앞으로 달려나갔다. 그 원반을 다시 아폴론에게 던져 자신의 솜씨를 뽐내려는 마음에 들떠있었다. 이를 지켜보던 서풍의 신 제피로스는 둘의 다정한 모습에 아폴론에게 질투가 났다. 아폴론은 이미 자기보다 훨씬 더 강력한 신이 되었는데 자기 역시도 사랑하는 남자마저 아폴론이 독차지하는 꼴을 볼 수 없었다. 날아가는 원반을 잡으려고 히아킨토스가 뛰어가는 동안 제피로스가 바람을 강하게 일으켰다. 바람 때문에 방향이 바뀌었고 원반은 히아킨토스의 머리를 강타했다. 가여운 히아킨토스는 그대로 땅바닥에 쓰러져 미동도 하지 않았다.

쓰러진 히아킨토스를 향해 아폴론이 달려갔지만, 손을 쓰기에는 이미 늦어버린 게 틀림없었다. 머리에 난 상처에서는 피가 콸콸 흘러나왔고, 숨이 끊어지기 직전이었다. 슬픔에 잠긴 아폴론은 풀잎에 떨어진 핏방울들을 자줏빛 꽃들로 변신시켰다. 그리고 새롭게 피어난 꽃잎들에 애통한 울음소리인 **아이 아이**라는 단어를 새겼다.

우리가 몰랐던 이야기

후기로 오면 아폴론 신과 티탄 신 헬리오스(태양의 신)가 하나로 합쳐져 동일시된다. 이런 까닭에 요즘에도 아폴론을 묘사할 때면 태양 마차를 몰고 날마다 하늘을 가로지르는 모습으로 그리곤 한다. 이 일은 본래 헬리오스가 하던 일이었지만, 여러 세대를 거치며 신화의 등장인물이 점점 줄어들면서 아폴론이 태양 마차를 끌게 되었다.

사냥과 야생동물의 여신

아르테미스

또 다른 이름

디아나(로마식 이름)

아르테미스는 누구인가?

아폴론 신과 쌍둥이 남매지간이었던 아르테미스는 사냥과 야생동물의 여신이었다. 레토가 마침내 안전하게 출산할 곳을 찾고 나자 아르테미스가 비로소 태어났다(전후 상황은 레토 편을 참조할 것). 아르테미스는 태어나자마자 어머니 곁에서 쌍둥이 동생 아폴론이 세상에 나오도록 도왔다. 이 때문에 아르테미스는 출산을 수호하는 역할을 맡게 되었다. 아울러 아르테미스는 소녀들의 수호신이었고, 남동생은 소년들의 수호신이었다.

아르테미스는 남성들의 관심이나 접촉을 일절 거부하며 살아간 처녀 여신으로 유명했다(이와 관련해 가장 유명한 일화는 악타이온 편에서 확인하자!). 아르테미스 신전에서 일하는 여사제들도 아르테미스 여신과 마찬가지로 결혼을 하지 않고 처녀로 살아가야 했다. 아르테미스는 주로 님프들과 시간을 보냈는데, 함께 숲을 돌아다니며 사냥하거나 강이나 호수에서 목욕하는 등 야외활동을 즐긴 것으로 알려졌다. 아르테미스가 사용하는 무기는 활과 화살이었고 활을 쏘는 솜씨가 탁월했다. 아르테미스는 흔히 사냥 복장을 한 모습으로 그려지는데 짧은 치마에 활과 화살을 들고 다녔으며 동물 가죽을 어깨에 걸치기도 했다. 사슴이 끄는 마차를 타고 숲을 질주하는 아르테미스 곁에는 님프들이 따라다니곤 했다.

트로이 원정을 앞둔 그리스인들에게 희생 제물을 요구한 것은 아르테미스 여신과는 어울리지 않는 행동이었다. 전쟁을 위한 항해를 준비하던 그리스군 사령관 아가멤논은 그전에 자신이 저지른 일로 아르테미스의 심기를 건드렸고, 여신을 달래기 위해 자신의 딸 이피게네이아를 제물로 바쳤다. 이것은 신들에게 인간을 제물로 바치는 보기 드문 사례 중 하나였다.

우리가 알아둘 이야기

칼리스토는 리카온 왕의 딸로서 사냥 여행 중인 여신 아르테미스를 수행하던 여인들 가운데 하나였다. 아르테미스를 섬기는 일에 헌신한 칼리스토는 순결을 지키기로 서약했고 결혼하지 않고 처녀로 살아갈 생각이었다. 둘은 더없이 친한 사이였기에 야생 동물들이 사는 숲에서 많은 시간을 함께 보냈다.

여느 때처럼 숲으로 여행을 떠나 사냥을 즐기던 어느 날 비극이 일어났다. 칼리스토가 아르테미스의 아버지, 곧 신들의 왕 제우스의 눈에 띈 것이었다. 제우스는 칼리스토를 "사랑하게" 되었다고 생각했고, 반드시 그녀를 차지해야겠다고 마음먹었다. 칼리스토는 처녀로 살겠다고 서약했고, 아르테미스와의 우정을 깨뜨릴 마음도 없었고,

무엇보다 제우스와 함께 있고 싶은 생각조차 없었다. 그러나 제우스는 이런 것들에 아랑곳하지 않고 칼리스토를 겁탈했다. 심지어 제우스는 칼리스토가 위험을 전혀 인지하지 못하도록 아르테미스로 변신해 접근했다(제우스가 벌이는 짓은 상상 초월이다).

칼리스토는 제우스에게 겁탈당한 사실을 아르테미스에게 숨긴 채 아무 일이 없는 체했다. 칼리스토는 제우스가 자신에게 저지른 짓 때문에 마음에 상처를 입고 깊은 수치심을 느꼈다. 하지만 제우스의 아이가 배 속에서 자라고 있었기에 결국에는 진실이 드러날 수밖에 없었다. 제우스의 아내 헤라가 이 비밀을 알아내 칼리스토를 곰으로 둔갑시켜버렸다(안타깝게도 그리스 신화에는 남자들이 벌인 짓 때문에 여자가 여자를 응징하는 이야기가 많다). 곰으로 변한 칼리스토는 제우스의 아들을 낳고(태어난 자식도 곰이 되었다) 아르카스라고 이름을 지었다. 하지만 헤라의 응징은 이것으로 끝난 게 아니었다. 하루는 아르테미스가 사냥에 나서자 헤라가 일부러 칼리스토였던 곰을 사냥감으로 지목했다. 아르테미스의 화살은 그 곰을 겨냥했고 결국 칼리스토는 죽고 말았다. 자신이 무슨 짓을 저질렀는지 뒤늦게 깨달은 아르테미스는 칼리스토를 큰곰자리로 만들어 영원히 하늘에서 빛나게 하였다. 훗날 칼리스토의 아들 아르카스 역시 하늘로 올라가 작은곰자리가 되었다(일부 전승에 따르면 칼리스토를 사냥해 죽인 이가 다름 아닌 아르카스였다고 한다).

우리가 몰랐던 이야기

곰과 수사슴은 아르테미스를 상징하는 성스러운 동물인데 아르테미스 여신에게 이런저런 이유로 벌을 받은 인간을 대표하기도 한다. 곰은 당연히 칼리스토를 의미하고, 아르테미스는 그녀가 맞은 운명에 결국 죄책감을 느꼈다. 수사슴은 사냥꾼 악타이온을 의미한다(이 이야기는 악타이온 편을 참조하자).

❧

불의 신, 공예의 신, 조각의 신

헤파이스토스

또 다른 이름

불카누스, 불칸(로마식 이름)

헤파이스토스는 누구인가?

헤파이스토스는 불과 대장간, 공예, 그리고 조각의 신이었다. 헤파이스토스는 올림포스 신이었으며 남자 없이 홀로 잉태한 헤라 여신에게서 태어났다. 남편 제우스가 끊임없이 다른 여인과 님프, 여신들에게 한눈을 팔며 배다른 자식을 생산하는 것에 헤라는 격분했다. 헤라는 언제나 제우스가 자기 보란 듯이 부정을 저지르는 기분이었다. 특히 제우스가 낳은 딸 아테나는 이제 그가 여자 없이도 자식을 가질 수 있음을 입증한 것처럼 느꼈다! 엄밀히 말하면 메티스가 아테나의 어머니였지만 제우스 몸으로 아테나를 "낳았기" 때문에(머리에서 튀어나온 것이 "분만"은 아니지만) 제우스는 그 사실을 으스댔다. 제우스에게 복수하고 자신에게도 남편 못지않은 능력이 있음을 입증하기 위해 헤라는 혼자 힘으로 헤파이스토스를 낳았다.

그리스 신화를 연대순으로 파악하는 일은 쉽지 않을 때가 많다. 세월이 수천 년에 이르고 수많은 전승과 전설이 존재한다는 것은 선형적 구조에 맞지 않는 이야기도 있음을 의미한다(제우스가 아테나를 낳은 것에 화가 나서 헤라가 헤파이스토스를 출산했다는 이야기도 마찬가지다. 왜냐면 제우스가 아테나를 출산할 당시 헤파이스토스가 제우스를 도운 사건이 유명하기 때문이다).

헤파이스토스는 그리 매력 있는 신은 아니었다. 아니 그 정도가 아니라 아주 볼품이 없었다(그의 아내 아프로디테는 남편에게 만족한 적이 없었다). 하지만 디즈니가 만든 《헤라클레스》(1998년 TV 시리즈)에서는 헤파이스토스를 근육질의 우람한 신으로 묘사하고, 아레스(아프로디테가 **아주** 매력적이라고 여겼던 신)는 이와 정반대 모습으로 묘사했다.

우리가 알아둘 이야기

헤라는 남자 없이 아이를 잉태하고 그 결과 헤파이스토스가 태어났지만, 그 사실을 기뻐하지 못했다. 헤파이스토스가 장애를 갖고 태어났기 때문이다. 그는 한쪽 다리를 절었다. 못생긴 헤파이스토스를 보고 너무 화가 난 헤라는 꼴도 보기 싫다며 올림포스산에서 그를 던져버렸다(정말 소름 끼치는 반응이다). 버림받은 헤파이스토스는 님프 테티스와 에우리노메에게 발견되었고, 그들은 올림포스산에서 멀리 떨어진 곳에서 헤파이스토스를 보살피고 양육했다.

헤파이스토스는 숙련된 대장장이와 공예가로 장성했다. 멀리 떨어져 지내던 그가 어머니에 대한 애정의 표시로 황금 의자를 제작해 올림포스산으로 보냈다. 그러나 헤파이스토스는 아직도 헤라가 자신에게 한 일 때문에 분이 가라앉지 않았고(어떻게 분노하지 않을 수 있겠는가!), 그 의자는 알고 보니 덫이었다. 헤라가 의자에 앉자마자 의자는 헤라를 옴짝달싹하지 못하게 옭아맸고, 천하의 제우스도 헤라를 풀어줄 수 없었다.

제우스는 헤라가 의자에서 풀려나려면 헤파이스토스를 올림포스산에 돌아오게 하는 수밖에 없음을 알았다. 그리고 헤파이스토스를 되돌아오게 하려면 다른 신들에게 그만한 뇌물을 제공하는 것이 좋겠다고 판단했다. 제우스는 어떤 신이든 헤파이스토스를 올림포스산에 데려오는 신에게 아프로디테를 아내로 주겠노라고 선언했다. 아프로디테도 처음에는 여기에 동의했는데, 그 까닭은 그녀가 사랑했던 신 아레스만이 헤파이스토스를 데려올 수 있으리라 여겼기 때문이다. 하지만 아레스는 임무에 실패했다. 헤파이스토스는 그를 옭아매려는 아레스의 시도를 간단히 격파했다.

헤파이스토스는 무슨 일이 벌어지고 있는지 눈치챘다. 다음으로 그에게 접근한 신은 디오니소스였는데 그는 규칙 따위는 안중에 없었다. 디오니소스는 헤파이스토스에게 스스로 올림포스산에 돌아갈 것을 제안했다. 그렇게 하면 올림포스 신들과 같은 반열에 오르고, 게다가 가장 아름다운 여신이자 사랑과 미의 여신이며 성애의 여신인 아프로디테와 결혼할 수 있을 거라고 설득했다. 헤파이스토스는 디오니소스의 말대로 했다. 올림포스산에 있는 제우스와 헤라 앞에 나아가 자복한 뒤 헤라를 풀어주고 아프로디테와 결혼했다.

헤파이스토스와 아프로디테는 부부였어도 그들 사이에는 자녀가 없었고, 아프로디테는 아레스를 비롯해 다른 신들과 걸핏하면 바람을 피웠다. 그녀는 아레스와의 사이에서 여러 자녀를 낳았다. 헤파이스토스는 아프로디테가 자신과 억지로 결혼했다는 사실을 늘 확인할 수밖에 없었다.

우리가 몰랐던 이야기

헤파이스토스를 둘러싼 이야기를 보면 그에게 잘못을 저지른 신과 여신들을 속이거나 함정에 빠트리는 신묘한 물건을 제작하는 일화가 주로 나온다. 아레스 편에서도 이 원칙을 입증하는 인상적인(그리고 흥미로운) 이야기가 펼쳐진다.

전쟁의 신, 용기의 신, 질서의 신

아레스

또 다른 이름

마르스(로마식 이름)

아레스는 누구인가?

전쟁의 신 아레스는 전쟁을 치르는 양측 군사들을 모두 화나게 만드는 것으로 알려져 있다. 아레스는 중요한 신이었지만 그가 등장하는 이야기는 많지 않다. 주로 아프로디테 여신과 함께 등장하는데, 그의 연인이지만 아프로디테는 헤파이스토스와 결혼했다. 아레스와 아프로디테는 여러 자녀를 두었다. 조화의 여신 하르모니아, 공포와 두려움을 의인화한 포보스와 데이모스, 그리고(일부 전승에 따르면) 사랑과 성욕의 신 에로스도 둘 사이에서 태어났다.

아이스킬로스의 소실된 희극 작품에서 시시포스는 죽음의 신 타나토스를 감금해 지하 세계에서 받아야 할 영원한 형벌을 잠시 면했지만, 곧 아레스에게 사로잡혀 본래 있어야 할 곳으로 끌려간다.

아레스를 묘사하는 미술품에서는 투구를 착용하건 하지 않건 투구가 빠지지 않았으며 그리스 신화를 소재로 삼은 대중문화 작품에 단골로 등장한다. 2017년도 영화 《원더우먼》에서 주인공의 숙적이었고, 《신들의 전쟁》(2011년)과 《타이탄의 분노》(2012년)에도 등장한다. 아레스는 퍼시 잭슨의 소설 1권에서도 중요한 캐릭터다. 하데스와 마찬가지로 아레스는 대중문화에서 주로 악당으로 그려지지만, 그리스 신화에서 악당이었던 적은 드물다. 현대의 작품 중에서는 《로어 올림푸스》에서 묘사하는 아레스가 그나마 정확한 편이다. 아레스가 전쟁의 신이지만, 그렇다고 꼭 악당일 필요는 없다.

우리가 알아둘 이야기

아프로디테가 헤파이스토스와 결혼했음에도 불구하고 아레스는 그녀와 함께 시간을 보낼 방법을 찾아냈다. 둘은 서로 사랑하는 사이인 데다 아프로디테가 사랑하지도 않는 이와 억지로 결혼했다는 사실 때문에 아무리 위험하더라도 자신들의 욕망을 채우는 데 거리낌이 없었던 모양이다. 아레스와 아프로디테는 밀회를 즐기던 중 하루는 대범하게도 헤파이스토스와 함께 쓰는 부부 침실에서 사랑을 나눴다. 전부터 이런 짓을 벌였겠지만, 이번에는 아레스가 조심성 없이 너무 오래 머물렀다. 급기야는 헬리오스가 하늘을 가로질러 태양 마차를 몰다가 두 연인이 함께 있는 것을 목격하고 말았다. 헬리오스는 자신이 본 사실을 즉시 헤파이스토스에게 알렸다.

그전부터 두 신의 관계를 알고 있었는지 없었는지 정확히 알 길은 없지만, 그들이 다른 곳도 아니고 자신의 침대에서 함께 있었다는 사실에 헤파이스토스는 노발대발했다. 그는 곧장 아레스와 아프로디테를 벌할 도구를 제작하기 시작했다. 헤파이스토스는 마법의 그물을 만들었다. 공기처럼 가볍고 눈에는 전혀 보이지 않았으며 마음먹은 대로 조종할 수 있었다. 헤파이스토스는 침대 둘레에 그물을 치고 천장에 매달아 놓았다. 그물을 설치하고 난 헤파이스토스는 렘노스섬에 볼일이 있다며 며칠간 돌아오지 못하리라고 아프로디테에게 언질을 주고 집을 나섰다.

헤파이스토스가 떠나자마자 아레스가 기다렸듯이 집에 찾아와 아프로디테와 시간을 보냈다. 그는 헤파이스토스가 없는 순간을 놓칠세라 기회가 오면 득달같이 그녀를 찾았다. 두 신은 곧바로 침대로 향해 사랑을 나눴다. 그러자 순식간에 그물이 움직이며 그들 주위를 둘둘 돌아가며 옥죄었고 그들이 누웠던 자세 그대로 침대에 묶어버렸다.

아레스와 아프로디테가 침대에 결박되어 옴짝달싹하지 못하고 있을 때 헤파이스토스가 집에 돌아왔다(헬리오스가 이번에도 그들을 목격하고 그에게 알린 것이었다). 그는 집에 오기 전에 자기 집에 와서 좋은 볼거리를 구경하라고 다른 신들에게도 통보했다. 제우스와 다른 모든 올림포스 신들이 도착해 그 광경을 구경했다. 헤파이스토스는 참담한 마음에 분을 참지 못하고 간통을 저지른 연인을 향해 창피해서 얼굴을 들지 못하겠다고 서슬이 등등하게 고함을 쳤다. 침대에 꼼짝없이 갇힌 꼴이 되어 수치심에 약이 바짝 오른 아레스와 아프로디테를 보고 다른 신들은 삐져나오는 웃음을 참지 못했다.

헤파이스토스는 두 신을 풀어줄 생각이 없다고 말했지만, 포세이돈이 그들을 풀어주라고 설득했다. 포세이돈은 자신이 직접 나서서 아레스가 죄의 대가를 치르도록 만들겠노라고 약속했다. 헤파이스토스는 포세이돈의 뜻을 끝내 물리칠 수 없어 아프로디테와 아레스를 풀어주었다. 아레스는 민망하고 속상해서 서둘러 트라키아로 떠났고, 아프로디테는 키프로스로 숨어버렸다.

우리가 몰랐던 이야기

아레스는 다툼과 불화의 여신 에리스(로마식 이름은 디스코르디아)와 친했다. 에리스는 트로이 전쟁의 도화선 역할을 한 것(파리스 편을 참조할 것)도 유명하지만 전장을 누비기를 좋아하고, 피비린내 나는 다툼을 갈망하는 것으로 널리 알려졌다. 아레스와 에리스는 트로이 전쟁터를 함께 달렸지만, 폭력을 즐기는 마음은 에리스가 아레스보다 한 길 위였다.

양 떼와 소 떼의 신, 여행자의 신, 무역의 신, 글쓰기의 신,
운동경기의 신, 점성술의 신, 전령의 신

헤르메스

또 다른 이름

메르쿠리우스(로마식 이름), 머큐리(영어 이름)

헤르메스는 누구인가?

헤르메스는 올림포스의 두 번째 전령(다른 전령은 이리스라는 여신이었다) 역할을 했을
뿐 아니라 여러 영역을 주재하는 신이었다. 일례로, 헤르메스는 고대 신화에서 흔히
"사기꾼의 신"으로도 불렸다. 헤르메스는 제우스와 마이아 사이에서 태어났다. 참고
로, 님프인 마이아는 플레이아데스 자매 중에 하나로 일곱 자매는 훗날 같은 이름의
별자리가 되었다. 디즈니 애니메이션 《헤라클레스》에 나오는 헤르메스를 기억하는
이가 많을 것이다. 영화에서 헤르메스는 선글라스 차림의 말솜씨가 유창한 멋쟁이로
제우스의 친구이자 전령이다.

우리가 알아둘 이야기

마이아는 킬레네 동굴에서 헤르메스 신을 낳았다. 마이아는 내성적인 성격으로 신들과 교류하기를 즐기지 않았다. 그렇지만 제우스를 좋아했다(적어도 그렇게 보인다. 제우스의 관심에 여자 쪽에서 호의를 드러내는 경우는 그리스 신화에서 드문 사례에 속한다). 마이아와 제우스는 헤라가 올림포스산에서 곤히 잠들어 있는 한밤중에 만나 함께 시간을 보내곤 했다.

어찌나 빨리 자랐는지 헤르메스는 아침에 태어나 한낮에는 리라를 발명했고, 오후에는 강보를 벗어나 아폴론의 소 떼를 훔칠 계획을 세웠다. 여기서 놓치지 말아야 할 사실은 이때 헤르메스는 말 그대로 "갓난아이"였다는 점이다. 이 모든 일이 그가 태어난 "당일"에 벌어진 일이었다. 리라를 발명한 일은 갓난아이 헤르메스가 어머니의 동굴을 나서면서 거북이에게 시선을 빼앗겼기에 벌어진 일이었다. 헤르메스에게는 이 거북이가 너무 재미있게 보였다(거듭 말하지만, 이때 헤르메스는 갓난아이였다). 헤르메스는 거북이를 가지고 자기가 어떻게 할지, 거북이가 앞으로 무엇이 될지 거북이에게 알려주었다. 헤르메스는 거북이가 "노래하게" 만들 계획이었다. 헤르메스는 거북이를 죽여 다리를 잘라버리고 껍데기만 남겼고, 거기에 여러 가지 줄을 걸어 리라를 발명했다. 시간은 겨우 정오를 지났을 뿐이었다! 하루가 지려면 아직 시간이 한참 남았기에 헤르메스는 아폴론의 소 떼를 훔치기로 마음먹었다.

갓난아이 헤르메스는 머나먼 길을 지나 피에리아까지 갔다. 그곳에는 아폴론이 기르는 소 떼가 있었다. 헤르메스는 한가로이 풀을 뜯는 소 떼를 발견하고 살그머니 다가가 소들을 전혀 다른 지역으로 몰고 갔다. 그는 발자국이 거꾸로 나도록 만들어 소 떼가 움직인 방향을 추적하지 못하도록 했다. 아니나 다를까 아폴론은 이를 전혀 눈치채지 못했다! 헤르메스는 소 떼를 몰아 그리스 땅을 이동하는 동안 포도밭을 관리하는 사내를 딱 한 번 마주쳤다. 헤르메스는 소 두 마리를 죽여 배불리 먹인 뒤 그에게 비밀을 지킬 것을 당부했다. 헤르메스는 신이 났다! 이렇게 하고 나서 헤르메스는 나머지 소 떼를 숨겨놓고 어머니가 있는 동굴로 돌아와 마치 아무 일도 없는 척했다.

한편 아폴론은 자신의 소 떼를 찾아 사방으로 돌아다녔다. 그러다가 목격자인 포도밭 관리인과 마주쳤고, 혹시 근래에 소 떼를 몰고 가는 수상한 이를 보았는지 물었다. 그 사내는 당황하는 기색 없이 요전 날 갓난아이 하나가 소 떼와 함께 있는 것을 보았노라고 아폴론에게 아무렇지 않게 얘기했다. 아폴론은 이 이야기를 듣자마자 소 떼를 훔친 이가 제우스의 자식이 틀림없음을 알아차렸다. 하지만 정확히 누구인지는 알지 못했다! 헤르메스가 너무 어려 다른 올림포스 신들은 그가 존재하는지조차 알지 못했다. 아폴론은 단서라는 단서는 모조리 따라다녔고 막다른 곳에 이르면 또 다른 단서를 찾아다니며 범인을 추적했고 드디어 킬레네산 동굴에 다다랐다.

아폴론이 동굴 입구까지 찾아온 것을 보고 헤르메스는 몸을 한껏 웅크리고 포대기 속에 숨었다. 아폴론은 동굴 안을 샅샅이 수색하고는 아기를 발견하고 소 떼는 어디에 있느냐고 물었다. 아폴론은 소 떼가 있는 곳을 불지 않으면 지하 세계에 데려갈 것이라고 윽박질렀다. 헤르메스는 처음에는 아무것도 모르는 양 아폴론의 소 떼에 관해서는 아는 바가 없다고 시치미를 뗐지만, 결국 두 아들의 문제로 제우스가 중재를 맡았다. 제우스는 두 아들을 올림포스산으로 불러 각자의 주장을 들었다. 헤르메스는 모든 사실을 부인했다(이때도 그는 "갓난아이"였다!). 하지만 사실을 추궁당하자 결국 자신이 저지른 짓을 인정하고 나머지 소 떼를 숨겨둔 장소로 제우스와 아폴론을 데려갔다. 헤르메스가 **갓난아이** 주제에 소를 두 마리나 죽였다는 사실에 아폴론은 분노했지만(그리고 어리둥절했지만) 일단 소들을 되찾아서 기뻤다.

우리가 몰랐던 이야기

헤르메스는 물의 정령 이오를 풀어주기 위해 헤라가 총애하던 거인 아르고스 파놉테스를 죽인 후 아르게이폰테스, 즉 "아르고스를 죽인 자"라는 별칭을 얻었다.

극장의 신, 포도주의 신, 식물의 신,
쾌락의 신, 광기의 신

디오니소스

또 다른 이름

바쿠스(그리스어와 로마식 이름), 리베르(로마식 이름)

디오니소스는 누구인가?

디오니소스는 유쾌한 신이며 연회의 신이었다. 그는 여러 영역을 주재했지만, 특히 포도주, 쾌락, 극장의 신이었다. 디오니소스는 올림포스 신 중에서는 유일하게 인간인 세멜레에게서 태어났다. 세멜레가 테베의 공주였으므로 디오니소스는 테베를 건국한 카드모스의 후손이 되었고, 저주로 재앙을 입지는 않았지만, 카드모스 가문에 내려진 저주뿐 아니라 테베의 역사와도 연관성을 갖는다. 아울러 디오니소스는 동방에 머물다 그리스로 돌아온 신으로 묘사될 때가 많았다. 하지만 가장 이른 시기의 그리스어로 작성된 문헌을 보면 디오니소스가 그리스인들이 숭배한 초기 신들 가운데 하나였음을 보여주는 증거가 있다. 거기에다 디오니소스는 사람들이 가장 오래도록 숭배한 신이었다. 로마 시대에는 리베르라는 이름으로 숭배되며 다른 올림포스 신들보다 훨씬 길게 사랑받았다. 디오니소스는 양성성을 지닌 아름다운 청년으로 티르소스라는 지팡이와 술잔을 든 모습으로 묘사될 때가 많았다.

디오니소스에 관해서는 여러 권의 책으로도 부족할 만큼 전하는 이야기가 많다. 다만 그를 묘사하는 방식이나 숭배하는 모습은 각양각색이다. 간단히 말하면, 디오니소스는 민중의 신이었고 보통 사람들은 올림포스 신들 가운데 디오니소스와 더 밀접했다. 이는 포도주와 연극이 디오니소스를 상징한다는 사실에서도 분명하게 나타난다.

우리가 알아둘 이야기

디오니소스가 그리스로 돌아온 이야기에 관해서는 에우리피데스가 쓴 그리스 비극 《바쿠스》가 가장 유명하다. 디오니소스 신은 자신이 태어난 도시 테베에 도착해 디오니소스를 섬기는 사제로 변장하고 다녔다. 그의 곁에는 마이나데스(혹은 바카이), 곧 디오니소스를 섬기는 일에 헌신한 여인들이 있었다. 테베에서 디오니소스는 자신의 사촌이자 테베의 왕인 펜테우스를 찾아갔지만, 왕은 디오니소스 신을 노골적으로 비난하며 테베 사람들에게 이 새로운 신을 숭배해서는 안 된다고 공표하고 이를 어기는 사람에게는 형벌을 내리겠다고 위협했다. 펜테우스 왕과 친족들은 디오니소스 신을 인정하지 않았고 디오니소스가 세멜레(와 제우스)의 혈육이니 그들과 가족이라는 사실도 받아들이지 않았다.

디오니소스는 아리스토파네스의 희극 《개구리》에 등장하는데, 이 작품에서 그는 지하 세계로 여행을 떠나 망자가 된 두 명의 비극 작가 아이스킬로스와 에우리피데스 간에 벌어지는 대결을 주관한다. 두 망자는 자신들이 썼던 작품의 대사와 인물을 인용하고, 좋은 희곡을 만드는 요소가 무엇인지 논쟁하면서 누가 최고의 작가인지 대결한다. 참고로, 이 작품에는 합창하는 개구리들이 등장한다.

테베의 많은 여인들이 디오니소스를 숭배했는데 그중에는 펜테우스의 어머니이자 디오니소스의 이모인 아가우에도 있었다. 그녀는 다른 많은 테베 여인들과 함께 인근 숲으로 들어가 **황홀경**에 빠져 숭배 의식을 치렀다. 신도들은 포도주를 마시고, 춤을 추고, 노래를 부르며, 동물들을 찢어 죽였다(마이나스, 그러니까 광란하는 자들다운 의식이었다). 이 소식을 들은 펜테우스는 공포를 느낀 나머지 병사들을 보내 디오니소스를 섬기는 여인이라면 설령 자신의 모친일지라도 모조리 죽이기로 계획했다. 펜테우스가 보기에 디오니소스 여신도들은 사회 규범에 크게 어긋나는 짓을 하였고 그들이 이런 행동을 고집한다면 죽어 마땅했다. 디오니소스는 본모습을 감추고 변장한 채로 펜테우스 앞에 나아가 벌써 여신도들을 죽일 필요가 없다고 설득했다. 그보다는 여신도로 변장해 그 여인들을 먼저 정탐하는 게 좋겠노라고 제안했다. 디오니소스의 계획에 동의한 순간 펜테우스는 디오니소스 여신도들과 마찬가지로 광기에 발을 담근 셈이었다. 마이나스로 변장한 펜테우스는 숲으로 들어가 테베 여성들이 포도주에 취해 무슨 짓을 하는지 지켜보기로 했다.

여신도들을 사냥하겠다는 일념에 사로잡힌 펜테우스가 여인들이 모여 있는 숲속에 도착했다. 그는 나무 위에 올라가 여신도들을 위에서 관찰해야겠다고 생각했다. 일단 펜테우스가 나무에 올라가자 디오니소스는 자신의 정체를 드러내고 마이나데스에게 펜테우스가 은신한 곳을 가리켰다. 디오니소스의 지시가 떨어지자 여신도들은 정신이 나간 채로 펜테우스를 나무에서 끌어 내리고 산 채로 그의 사지를 찢어버렸다.

이 모든 의식이 끝나고 아가우에는 아들의 머리를 들고 테베로 돌아왔다. 그것이 사자의 머리라고 믿었던 아가우에는 자신이 사자를 물리쳤다고 의기양양하게 외쳤다. 그러고는 그 머리를 자랑스럽게 들어 올렸다. 광기가 사라지고 아가우에가 서서히 본 정신이 돌아오자 그녀의 아버지 카드모스는 그녀가 실제로 무슨 짓을 저질렀는지 진상을 알렸다.

우리가 몰랐던 이야기

디오니소스가 극장의 신이기 때문에 그리스 연극은 그에게 헌정되었다. 고대 그리스 연극이 올라가는 무대는 주로 디오니소스 축제였다. 해마다 아테네에서 열리는 이 축제에서 세 편의 연극이 최고의 상을 놓고 경합했다. 이 축제는 항상 디오니소스에게 제물을 바치는 것으로 시작했고, 남근 조각상들(**팔로이**)을 들고 도시를 한 바퀴 도는 의식도 진행되었다.

꩜

화로의 여신, 가정의 여신

헤스티아

또 다른 이름
베스타(로마식 이름)

헤스티아는 누구인가?

헤스티아는 처녀 여신으로 고대 그리스인들이 일상생활에서 무척 중요하게 생각하는 신이었다. 화로와 가정의 여신이었던 만큼 사람들은 그녀에게 날마다 예배를 드렸고, 헤스티아는 가정생활과 가정의 행복을 책임졌다. 화로를 지키는 역할을 맡았기 때문에 신들에게 바치는 모든 제물 가운데 일정량은 늘 헤스티아에게 권리가 있었다. 고대 그리스인은 신들에게 동물 한 마리를 제물로 바칠 때 헤스티아의 몫으로 남겨놓은 고기로 연회를 마련했다. 고대 도시와 마을마다 헤스티아에게 헌정된 공공화로가 있었으며 이 화로의 불씨는 절대 꺼트리면 안 되었다.

헤스티아는 올림포스 신들 가운데 첫째이면서 동시에 막내였다. 크로노스와 레아 사이에서 태어난 장녀였기에 크로노스가 첫 번째로 삼켜버린 신이었다. 따라서 크로

80   그리스 신화: 신, 여신, 영웅 핸드북

노스가 제우스에게 붙잡혀 자식들을 토해낼 때 마지막으로 세상 밖으로 나왔다. 이 때문에 헤스티아는 맏이이자 막내가 되었고 제우스는 막내아들이자 동시에 맏이가 되었다.

헤스티아는 다른 신들이 하루가 멀다고 벌이는 사건 사고에 관여하지 않았다. 헤스티아는 인간들은 물론 신들과도 어울리지 않았다. 아폴론과 포세이돈이 헤스티아에게 청혼한 적이 있지만, 그들을 거절했을 뿐만 아니라 다른 누구와도 결혼할 생각이 없다고 제우스에게 분명히 밝혔다. 평생 순결을 지켰고 다른 올림포스 신들에게 아무 관심이 없었기 때문이겠지만, 헤스티아는 그리스인들의 삶에서 매우 중요한 위치에 있었음에도 올림포스 주신 명단에서 제외되는 경우가 많았다.

우리가 알아둘 이야기

헤스티아는 다른 신들과 소원하게 지냈기에 헤스티아가 다른 신들과 함께 중요 인물로 등장하는 이야기가 전혀 없다(고대에는 어땠는지 몰라도 현존하는 그리스 문헌 중에서 남아있는 이야기는 없다). 그녀는 신화보다는 역사적 관점에서 더 중요했다. 가정을 수호하는 여신인 만큼 고대 그리스인들은 집안의 대소사를 헤스티아에게 의존하며 안전과 위안을 얻으려 했다.

로마의 시인 오비디우스가 남긴 이야기에서도 헤스티아가 다른 신들과 연관된 사건은 하나뿐이다. 님프와 신들과 사티로스들이 함께 어울리는 축제에 헤스티아가 참석한 적이 있었다. 헤스티아가 잠시 낮잠을 청하는 사이 잠든 헤스티아를 보고 프리아포스가 정욕에 빠져 그녀를 겁탈하려고 했다. 하지만 가까이 있던 당나귀가 시끄럽게 울어댄 덕분에 헤스티아가 잠에서 깼고, 그는 아무 짓도 하지 못했다. 일이 들통이 나는 바람에 프리아포스는 난처하기 짝이 없었다.

우리가 몰랐던 이야기

로마인들은 헤스티아를 숭배하는 전통을 수용하고 계승했다. 헤스티아의 로마식 이름은 베스타였고, 로마인들은 처녀 사제들을 따로 두어 베스타 신전에서 신성한 불씨를 관리하며 여신을 섬기도록 했다. 베스타 신전의 여사제들은 로마 세계에서 매우 중요한 역할을 담당했다.

제3부
하위 신들

그리스 신화를 구성하는 신전에는 인간과 닮은 불로불사의 존재들이 셀 수 없이 많다. 제3부에서는 불사의 인간이나 영웅을 포함해 올림포스 주신에 속하지 않는 신들을 주로 다루려 한다. 여기에서는 티탄 신족, 님프, 그리고 여러 하위 신들과 괴물들의 이야기가 이어진다.

앞서 소개했던 올림포스 신들은 이제부터 소개할 이야기에도 등장할 테지만, 3부의 주인공은 그들이 아니라 하위 신들 가운데 중요한 상징성을 지닌 선한 자와 악한 자, 그리고 괴물들이다. 3부에서 소개할 이야기는 올림포스 신들보다는 다른 하위 신들의 인상적이고 비극적인 삶을 중심으로 진행된다. 인류에게 불을 전하고 그 때문에 형벌에 처한 티탄 신의 이야기, 올림포스산의 쌍둥이 신을 낳았기에 앙심을 품은 헤라 여신에게 쫓기게 된 어느 티탄 신족의 이야기, 신 때문에 파멸했으나 종내에는 아름다운 것을 생산한 님프의 이야기, 사랑의 신이 사랑에 빠지게 된 이야기, 메아리와 나르시시즘의 기원에 관한 이야기, 그리고 그리스 신화의 유명한 괴물을 낳은 괴물들의 이야기가 펼쳐진다. 이제 소개하는 하위 신들(여기서 하위 신이라는 용어는 올림포스 신들에 포함되지는 않지만, 불로불사의 신격을 지닌 존재를 모두 포함하는 말이다)의 이야기는 그리스 신화에서도 유명한 이야기를 선별한 것이며 상징성 또한 매우 중요하다. 그리고 소름 끼치도록 무시무시하게 생겼으면서도 매력적인 괴물들(그 자녀들)의 이야기도 함께 소개한다.

티탄 신족, 선견지명의 신

프로메테우스

프로메테우스는 누구인가?

프로메테우스와 그의 동생 에피메테우스(후회의 신)는 티탄 신족이지만 티탄과의 전쟁에서 올림포스 신들 편에 서서 다른 티탄들과 싸웠다. 프로메테우스는 인간에게 불을 선사했을 뿐 아니라, 제우스를 속여 신들에게 바칠 제물에서 가장 좋은 부위를 인간이 차지하도록 배려한 것으로도 유명하다. 프로메테우스는 선견지명을 지닌 신이었다. 가족 중에서 "앞서 생각하는 자"였기에 어떤 일을 하든지 자신의 행동이 미칠 결과를 미리 생각했다. (그의 동생은 정반대였다.)

일부 전승에 따르면 프로메테우스와 에피메테우스는 신들의 명령에 따라 인류를 창조하는 임무를 맡았다. 그러나 에피메테우스는 이런 일에 소질이 없었기에 요긴한 속성들을 모두 동물들에게 줘버리고 인간을 위해서는 아무것도 남겨두지 않았다(털과 비늘, 그리고 위장능력까지 동물에게 줘버렸다!). 프로메테우스는 아무런 보호 장치 없는 인간들을 측은하게 여겨 직립보행 능력을 주었다. 직립보행 능력이라면 인간이 동물을 상대로 우위를 점할 수 있을 거라고 여겼고, 이에 더해 불을 사용할 수 있는 방법을 알려주었다.

프로메테우스는 매들린 밀러의 장편소설 《키르케》에 등장하는데, 소설에서 이름뿐인 마녀라는 소리를 듣는 키르케는 바위에 묶여 형벌을 받는 프로메테우스와 만난다. 키르케와 대화를 나누는 장면에서 우리는 프로메테우스만이 전할 수 있는 인간에 대한 감상을 들을 수 있다.

우리가 알아둘 이야기

그리스 신화에는 인류의 기원에 관해 다양한 이야기가 전하는데, 태초에 인간이 만들어졌을 때 남자밖에 없었다는 부분은 서로 일치한다. 태초의 인류에게는 본래 불을 지필 능력이 없었다. 인간에게 최초로 불을 선사한 자는 티탄 신족 프로메테우스였다. 프로메테우스가 올림포스산에서 불을 훔쳐 그것을 회향 줄기에 숨겨 인간들에게 몰래 가져다주었다. 이는 인간이 무력한 존재로 남기를 바랐던 제우스의 뜻에 정면으로 반하는 행동이었다.

자신이 인간을 창조했기 때문일 테지만 프로메테우스는 인간에게 각별한 애정을 느꼈다. 프로메테우스가 인간을 대하는 방식은 다른 신들과는 달랐다. 일례로, 제우스는 인간을 골칫거리로 여겼다. 프로메테우스는 신인류에게 불을 선물했을 뿐 아니라 인간이 제물을 바칠 때 신들에게는 먹을 게 없는 부위를 주고 가장 좋은 부위는 인간이 차지하도록 제우스를 속였다. 프로메테우스는 소 한 마리를 부위별로 잘라 흉측하고 먹을 게 없는 뼈들을 골라내 지방으로 감쌌다. 그러고 나서 맛있는 살코기는 겉가죽으로 감쌌다. 프로메테우스는 제우스에게 이 두 꾸러미를 제시하면서 인간이 어느쪽을 신들에게 바쳐야 하고, 또 어느 쪽을 남겨야 하는지 물었다. 당연히 제우스는 먹음직스러운 지방으로 포장된 꾸러미를 선택했는데, 사실 겉보기만 그럴 듯할 뿐 살점없는 뼈 뭉치가 들어 있었다.

고대 그리스인들에게 희생제는 매우 중대한 의식이었다. 그리스인들은 보통 축제를 거행하기에 앞서 동물(대개는 젖소나 수소)을 제물로 바쳤으며 신들의 노여움을 풀 일이 있을 때도 제물을 바쳤다. 프로메테우스 덕분에 이후로는 사람들이 희생제를 올릴 때 축제를 즐기며 맛난 고기를 먹을 수 있게 되었다!

프로메테우스의 속임수에 분노한 제우스는 프로메테우스는 물론, 신들을 홀대하면서까지 그가 각별하게 생각하는 인간들에게 복수를 다짐했다. 먼저 제우스는 인간들을 벌했다(이 이야기는 판도라 편에서 확인하자). 인간을 충분히 징계했다는 생각이 들자 제우스는 프로메테우스에게로 눈을 돌렸다. 제우스가 다른 티탄 신족과 전쟁을 치를 때 프로메테우스가 옆에서 도와주었으니 그에게 빚이 있다고 여길 법도 한데, 제우스는 그런 것에 전혀 개의치 않았다. 프로메테우스가 인간을 아끼고 언제나 인간들 편에 서는 태도가 제우스는 괘씸하기 짝이 없었다.

인간에게 자비를 베푸는 프로메테우스를 응징하기 위해 제우스는 그를 카우카소스 산으로 끌고 가 쇠사슬로 바위에 묶었다. 프로메테우스를 단단히 결박하고 나서 제우스는 독수리(자신을 상징하는 동물)를 보냈다. 독수리는 프로메테우스의 간을 산 채로 쪼아 먹었고, 그것은 끔찍한 고문이었다. 밤사이 프로메테우스가 몸을 회복하면(그는 티탄 신족이므로 불멸의 존재였다) 이튿날 아침 독수리가 다시 날아와 똑같은 자리를 쪼았다. 그렇게 똑같은 날이 가고, 달이 가고, 몇 세대가 지나도록 프로메테우스는 고문을 당했으며 헤라클레스가 와서 쇠사슬을 끊어주었을 때 비로소 영원한 형벌에서 해방되었다.

우리가 몰랐던 이야기

메리 셸리의 소설 《프랑켄슈타인》의 부제는 "현대판 프로메테우스"이다. 자신의 피조물에 의해 해를 입은 프랑켄슈타인 박사의 이야기는 티탄 신족 프로메테우스와 닮았다. 프로메테우스 역시 신들의 뜻을 거역하고 인간에게 불을 선사한 대가로 형벌을 받았다. 소설의 부제로 프로메테우스가 등장한 데에는 저자인 셸리가 채식주의를 공언한 사람으로서 육식 문화의 문제점을 언급한 것이라고 설명하는 이들도 있다. 인류에게 최초로 육식을 소개한 이가 프로메테우스이기 때문이다.

판도라

그리스 신화에 따르면 판도라는 세상에 태어난 최초의 여자였다. 판도라는 남자들만의 세계에 제공된 선물이자 저주였다. 판도라 이야기는 두 가지 판본이 있는데 둘 다 언급할 가치가 있다. 첫 번째는 프로메테우스 이야기에서 이어진다. 티탄 신족 프로메테우스가 올림포스산에서 훔친 불을 인간들(당시 세상에는 남자들만 있었다)에게 선물한 것과 제물로 바칠 고기 중에서 제일 좋은 부위를 인간이 차지하도록 속인 일 때문에 제우스는 노발대발했다. 제우스는 인간과 프로메테우스를 함께 벌주기로 했다. 인간에게 내린 형벌은 단순히 여자를 창조하는 것이었다(정말 불쾌하고도 케케묵은 말이다!). 제우스는 헤파이스토스에게 진흙으로 여자를 창조하라고 지시했다. 이렇게 탄생한 여자 판도라는 눈부시게 아름답고 우아했다. 이후 제우스는 신들을 불러 판도라에게 온갖 선물과 아울러 결점을 부여하도록 만들었다. 아테나는 그녀에게 직물을 짜는 법을 가르쳤고, 아프로디테는 그녀를 우아하게 만들었고, 헤르메스는 그녀에게 속임수를 가르쳤다. 하지만 여기서 판도라는 재앙 자체이며 판도라에게서 생겨나는 여인들도 세상에는 재앙일 뿐이었다. 하지만 이 이야기는 공감하기 쉽지 않다. 여자가 재앙일 뿐이라면 그리스 신화에 나오는 그 수많은 멋진 여성은 어떻게 설명할 텐가(성차별적이라는 사실은 언급할 필요도 없다).

판도라에 관한 두 번째 이야기에서는 여성을 향한 혐오가 **다소** 누그러졌다. 이야기의 시작은 첫 번째 판본과 차이가 없다. 올림포스산에서 불을 훔친 프로메테우스를 응

징하기 위해 제우스는 헤파이스토스에게 판도라를 창조하라고 지시했다. 신들은 판도라(이 판본에서 판도라는 재앙의 화신이 아니므로 판도라의 뒤를 잇는 여자들도 재앙이 아니다)에게 항아리(흔히 판도라의 상자로 알려졌다)를 하나 선물하고 절대 열어보지 말라고 당부한다. 그런 다음 티탄 신족 에피메테우스에게 데려가 아내로 삼게 했다. 에피메테우스는 형 프로메테우스에게 신이 주는 어떤 선물도 받지 말라는 충고를 들었지만, 그는 이름처럼 뒤늦게 생각하는 자였기에 그 조언은 잊어버린 지 이미 오래였다. 에피메테우스와 결혼한 판도라는 신들에게서 받은 항아리 안에 무엇이 들었는지 궁금해졌다. 지적인 사람들이 대개 그렇듯 판도라는 호기심이 많았고, 안에 무엇이 들었는지 알고 싶었다. 판도라가 항아리 뚜껑을 열자 온갖 악과 역병, 재앙이 세상에 퍼졌다. 자신이 무슨 일을 저질렀는지 깨닫고 나서 판도라는 바로 항아리 뚜껑을 덮었다. 미처 빠져나가지 못하고 그 안에 남은 것이라고는 희망뿐이었고, 이 희망은 세상의 온갖 문제에 직면한 인간이 지닌 유일한 방어수단이자 위안이 되었다.

　두 번째 판본에서 여자들은 재앙 자체는 아니었다. 여기서 여자는 타고나기를 워낙 호기심이 많아서 어쩌다 우연히 세상에 온갖 악을 퍼트렸을 뿐이다. 어쨌든 두 이야기 모두 여성을 향해 악감정을 드러내고 있으며 고대 그리스인들의 여성상이 어땠는지 보여준다. 다행히 판도라는 희망과도 연관이 있으며 두 번째 판도라 신화에서는 온갖 재앙이 퍼진 세상을 살아가는 인간에게 희망이 얼마나 중요한지 강조했다.

티탄 신족, 모성의 여신, 젊은이의 수호신

레 토

또 다른 이름

라토나(로마식 이름)

레토는 누구인가?

티탄 신족 레토는 모성의 여신이었다. 아르테미스와 아폴론을 자식으로 두었으며 젊은이의 수호신이기도 했다. 티탄 신족 코이오스(**합리적** 지성의 신)와 포이베(**밝고 빛나는** 지성의 여신)의 딸이었던 레토는 그리스 신들 가운데 매우 중요한 두 신(아르테미스도 유명하지만, 아폴론 신의 위상에 견줄 바는 아니었다)을 낳았다. 포이베가 밝고 빛나는 지성을 상징하는 이유가 무엇인지 확실치는 않다. 다만 포이베의 지성은 신탁이나 예언 능력과 관련이 있었던 반면, 코이오스의 지성은 더 현실적인 영역에 적용되는 지성이었다.

티탄 신족과 신들의 이야기, 그리고 올림포스 신들의 이야기에서도 제우스와 레토는 일찍부터 함께 등장했다. 이들 이야기를 보면 레토와 제우스가 사랑하는 사이였는지 아니면 제우스에게 겁탈당한 수많은 사건 중의 하나였는지 확실치 않을 때도 있다.

어쨌든 레토는 이때 쌍둥이를 잉태했다. 헤라는 머지않아 제우스와 레토의 관계뿐 아니라 레토가 임신한 사실까지 알아내고 격분했다. 헤라는 무슨 수를 써서라도 레토의 출산을 막겠다고 다짐했다. 헤라는 마음만 먹으면 상대를 괴롭힐 때 잔혹하기 그지없었으며(제우스가 바람피운 여인들을 벌할 때면 특히 무자비할 때가 많았다), 이 때문에 아무도 헤라의 심기를 건드리고 싶어 하지 않았다.

레토는 출산할 곳을 찾아 떠돌았다. 그리스 전역과 소아시아 지역을 대부분 돌아다녔지만 아무도 레토를 반기지 않았다. 그들의 영지에서 레토가 몸을 풀도록 허용했다가 헤라의 분노를 살까 사람들이 염려했기 때문이거나 아니면 헤라의 명령으로 대지가 마법 같은 힘을 써서 레토가 출산을 하지 못하도록 막았기 때문일 것이다. 대지를 떠돌고 떠돌던 레토는 드디어 바다를 떠도는 섬에 당도했다(이 섬은 땅에 붙어 있지 않고 닻을 올린 배처럼 대양을 떠돌았다고 한다). 레토가 이 섬에 도달해서야 만만할 수 있었던 이유는 지면과 닿아있지 않아 그동안 레토가 거쳤던 곳들과 달리 헤라의 저주로부터 자유로웠기 때문이다.

레토는 여신 아르테미스를 먼저 낳았고, 갓 태어난 딸의 도움을 받아 쌍둥이 동생 아폴론을 낳았다. 이 때문에 아르테미스는 출산을 수호하는 여신이 되었다. 아폴론이 태어나고 이 섬은 아폴론 신을 모시게 되었고 델로스섬으로 개명되었다(이 섬은 고대 그리스 역사에서 중요한 장소였고 쌍둥이 남매의 탄생지로 알려지기 이전부터 고대 성지 가운데 하나였다). 레토, 아르테미스, 아폴론 이 세 신은 젊은이의 수호자였다.

우리가 알아둘 이야기

인간인 니오베는 자녀를 열넷이나 둔 것으로 유명했다. 그녀에게는 펠롭스라는 오빠가 있었다(탄탈로스와 그의 가족 편을 참조하자). 암피온 왕과 결혼해 테베에 살았던 니오베는 슬하에 일곱 딸과 일곱 아들을 두었다. 니오베는 아들딸의 인물됨뿐 아니라 남달리 많은 자녀 수까지 틈만 나면 자식 자랑이 대단했다! 여느 때처럼 아들딸 자랑을 하다가 한번은 레토와 자신을 비교하며 자식을 **열네 명**이나 낳은 자기를 추켜올렸다. 자기는 자식을 열넷이나 낳았는데 모성의 여신이라는 레토는 자식이 겨우 둘뿐이라고 지적했다. 그 점에서 니오베는 자신이 레토보다 훨씬 잘났다고 여겼다. 이런 생각을 입 밖으로 꺼낸 것은 **크나큰 실수**였다.

인간이 스스로 신과 비교하며(**다른** 여신도 아니고 레토 여신을 자기보다 아래로 보는 언행) 신을 모욕한 것을 신들도 지켜보았다. 레토보다 자식을 더 많이 낳았으니 자기가 더 뛰어나다고 니오베가 자랑했다는 소식에 레토와 아르테미스, 아폴론은 진노했다! (인간으로서 신과 자신을 비교하는 행위는 **절대 금물**이다. 이를 어긴 경우에는 수많은 비극을 맞는다). 신들은 니오베가 사죄하기를 기다리지 않았다. 분노에 찬 아르테미스와 아폴론이 니오베의 자식들을 표적으로 삼았다(쌍둥이 남매는 뛰어난 궁술로 유명했다). 아르테미스가 니오베의 딸 일곱을 쏴 죽였고, 아폴론이 니오베의 아들 일곱을 모조리 쏴 죽였다(일부 전승에 따르면 딸과 아들을 한 명씩 살려두었다고도 한다). 니오베의 자식들은 오래도록 땅에 묻히지도 못했으며, 제우스는 니오베에 대한 형벌로도 모자라 테베 사람들을 모두 돌로 만들어버렸다.

니오베는 자식들의 죽음에 슬퍼하다가 결국 돌로 변하였다. 그녀는 "눈물을 흘리는" 바위가 되었고, 이 바위에서는 물이 졸졸 흘러내렸다.

우리가 몰랐던 이야기

티탄 신족 아스테리아는 레토의 여동생으로 티탄 신족 페르세스와 결혼해 마법의 여신 헤카테를 낳았다. 제우스는 아스테리아에게까지 마수를 뻗었고(제우스의 희생양 명단에 오른 이들을 나열하자면 끝이 없다!), 아스테리아는 메추라기로 변신해 가까스로 그를 벗어났다. 델로스섬에 이른 레토의 이야기를 전하는 이설에 따르면, 아스테리아는 메추라기로 변한 이후에 제우스를 피해 바다에 뛰어들었다. 물속에서 아스테리아는 섬으로 변신했으며 아폴론이 섬에서 태어난 후에는 델로스섬으로 이름이 바뀌었다.

님프

다프네

다프네는 누구인가?

다프네는 나이아스, 즉 샘의 정령이었는데 아폴론 신의 구애를 받았다. 다프네는 아르테미스처럼 사냥꾼이었고 남자들이 어떻게 생각하든 개의치 않고 숲에서 모험하기를 좋아했다. 다프네를 소재로 한 미술품이 많은데, 가장 유명한(그리고 아름다운) 작품은 베르니니의 조각상 《아폴론과 다프네》이다. 디즈니 영화 《헤라클레스》를 보면 이름 없는 님프가 헤라클레스의 친구이자 스승인 필(필록테테스)에게서 벗어나기 위해 나무로 변신하는 장면이 나온다. 비록 이 캐릭터에 다프네라는 이름이 붙지는 않았지만, 다프네 이야기에서 영감받은 것은 분명하다.

우리가 알아둘 이야기

님프인 다프네는 주로 숲에서 시간을 보냈다. 그날도 다프네는 숲을 쏘다니며 사냥을 즐기고 있었는데 하필 아폴론 눈에 띄고 말았다. 그리스 원전보다 둘의 이야기를 자세히 묘사한 로마의 시인 오비디우스에 따르면, 이때 아폴론은 사랑의 신 에로스와 다툰 직후였다. 아폴론은 에로스에게 자기 자신을 상징하는 무기인 활과 화살을 다루는 솜씨를 자랑했다. 방식은 달라도 에로스 역시 활과 화살을 다루는 일이라면 자신이 있었다. 에로스의 화살촉에는 사랑의 묘약 혹은 "증오의 묘약"이라는 것이 발라져 있었다. 그러나 자기가 누구보다 뛰어난 활의 명수라며 아폴론이 거듭 에로스의 재주를 무시하자 에로스는 본때를 보여주고 싶었다. 에로스는 사랑의 묘약을 바른 화살로 아폴론을 쏘았고, 증오의 묘약을 바른 화살로는 다프네를 쏘았다.

아폴론은 화살에 맞은 순간 이 모든 일이 일어날 때 우연히 근처에 있던 다프네를 보고 한눈에 사랑에 빠졌다. 하지만 다프네는 화살에 맞고 나서 아폴론을 보자마자 진저리를 치며 가능한 한 빨리 그리고 영원히 그에게서 벗어나고 싶은 마음뿐이었다. 다프네는 달아나기 시작했고 아폴론은 뒤를 쫓았다. 다프네는 바위를 풀쩍 뛰어넘고 요리조리 나뭇가지를 피해가며 온 힘을 다해 숲을 가로질렀다. 아폴론은 바짝 붙어 다프네를 따라갔다.

아폴론은 앞에 가는 다프네를 향해 한 번만 기회를 달라고 소리쳤다. 그가 그녀를 얼마나 사랑하는지 어째서 이토록 사랑하는지 절절한 사랑을 고백했다(물론 에로스의 화살에 관해 말한 것은 아니다). 자신은 그녀와 달리 이 숲에 익숙하지 않으니 속도를 줄여달라고 부탁하면서 아폴론은 자신이 신이고, 제우스의 아들이며 신탁의 신이라고 자기를 소개했다! 아폴론은 자신에게 따라다니는 온갖 칭호를 열거하며 다프네를 설득하려고 애썼다. 과연 아폴론답게 멋진 칭호도 참 많았다. 하지만 그 어떤 말도 증오의 화살에 맞은 다프네의 마음을 움직이지 못했다. 게다가 다프네는 증오의 화살이 아니더라도 결혼에는 아무 관심이 없었다. 다프네는 마음껏 숲을 돌아다니며 사냥할 수 있는 자유를 사랑했다.

아무리 도망쳐도 끝이 보이지 않았다. 다프네는 지칠 대로 지쳤고 강의 신인 아버지에게 아폴론의 마수에서 벗어나게 도와달라고 요청했다(다른 판본에서는 대지의 여신 가이아에게 도움을 청했다고도 한다). 아버지는 딸의 소원을 들어주었다. 다프네는 그 자리에서 나무로 변신하기 시작했다. 나무껍질이 다프네의 피부를 순식간에 덮고, 발에서는 나무뿌리가 자라고, 그녀의 팔은 나뭇가지로 변해 뻗어갔다. 아폴론이 다프네를 붙잡았을 때는 이미 변신을 끝내고 월계수가 되어 있었다. 아폴론은 월계수를 껴안고 입을 맞추며 앞으로도 변함없이 다프네를 사랑할 것이고, 이후로 다프네는 **아폴론의** 나무가 될 것이라고 말했다. 아폴론은 다프네가 무엇을 원하는지 말뜻을 전혀 알아듣지 못했다.

❦

고대 그리스인들에게 희생제는 매우 중대한 의식이었다. 그리스인들은 보통 축제를 거행하기에 앞서 동물(대개는 젖소나 수소)을 제물로 바쳤으며 신들의 노여움을 풀 일이 있을 때도 제물을 바쳤다. 프로메테우스 덕분에 이후로는 사람들이 희생제를 올릴 때 축제를 즐기며 맛난 고기를 먹을 수 있게 되었다!

우리가 몰랐던 이야기

그리스 신화에서 다프네는 아폴론의 신부로 묘사되는 경우가 많았다. 아폴론이 다프네를 사랑했으니 이렇게 본다 해도 특별히 문제가 될 것은 없었다. 여자가 남자의 소유물로 취급받던 시대였다. 그래서인지 사람들은 아폴론이 사랑한 여자가 그를 상징하는 신목이 되었다는 이야기를 아름답게 여겼다. 여자가 남자의 손아귀에서 벗어나려고 어쩔 수 없이 나무로 변신했다는 이야기보다는 낫지 않은가.

에로스

또 다른 이름

큐피드(로마식 이름)

에로스는 누구인가?

에로스는 아프로디테와 아레스의 아들이었다(이설에 따르면 에로스는 카오스 혼자 낳은 자식이었다고도 한다!). 아프로디테와 아레스는 공식적으로 부부가 아니었음에도 그리스 신화에서 유명한 자녀들을 여럿 낳았다. 일반적으로 아프로디테는 사랑의 여신으로 알려졌고, 에로스는 **육체적** 사랑의 신으로 알려졌다. 에로스보다 그의 로마식 이름인 큐피드가 더 많이 알려졌다고도 할 수 있는데 그리스 신화의 에로스가 장성한 청년이라면 큐피드는 아기 천사 모습으로 묘사되었다.

미술품에서 묘사되는 에로스는 다소 독특한 점이 있다. 에로스 신은 (그가 사랑했던 프시케를 다정하게 포옹할 때면) 성인 남성으로도 표현하지만 우리가 흔히 아는 큐피드일 때는 아기 천사 모습으로 표현한다.

에로스는 활과 화살로 유명했다. 그의 화살촉에는 강력한 사랑의 묘약 혹은 처음 본 사람을 몸서리치도록 **증오하게** 만드는 강력한 묘약이 발라져 있었다. 비록 촌극 같은 효과를 내는 도구로 자주 쓰이긴 했어도 이 도구 덕분에 에로스는 강력한 힘을 행사했다.

우리가 몰랐던 이야기

에로스라고 하면 프시케라는 여자를 사랑한 이야기가 널리 알려져 있다. 하지만 이 이야기는 로마인이 쓴 문학 작품에만 등장하는데, 바로 아풀레이우스가 쓴 《황금 당나귀》이다(《변형담》으로도 알려졌다). 에로스와 프시케 이야기에는 독특한 특징이 하나 있는데 그것은 원전이 하나뿐인 신화 중에서 이 둘의 이야기처럼 명성을 얻은 경우는 찾기 힘들다는 점이다. 에로스와 프시케의 이야기는 로마인이 서술하였으므로 다음 이어지는 프시케 편에서는 신들의 이름을 로마식으로 표기한다.

공주, 훗날 영혼의 여신

프시케

프시케는 어느 왕국의 공주였다. 작가 아풀레이우스는 프시케에 관해 자세하게 설명하지는 않았다. 이 이야기에서 프시케가 지닌 가장 중요한 속성은 미모였고, 절세미인인 프시케를 얻으려고 고대 세계의 온갖 나라에서 구혼자들이 몰려들었다. 프시케는 큐피드와 결혼하면서 여신이 되었으며 영혼(**프시케**)의 여신 역할을 맡았다.

미술품을 보면 프시케는 주로 나비의 날개를 달고 있고, 큐피드는 천사의 날개를 달고 있다. 큐피드와 프시케를 표현한 작품 중에는 안토니오 카노바의 《큐피드의 키스로 환생한 프시케》 조각상이 가장 유명하다. 이 작품은 형태가 두 가지다. 첫 번째 조각상은 파리 루브르 박물관에 있으며 프시케에게 날개가 없다. 하지만 뉴욕시 메트로폴리탄 박물관에 있는 두 번째 조각상은 프시케에게 나비 날개가 달렸다. 큐피드와 프시케의 이야기는 현재 연재 중인 웹툰 《로어 올림푸스》에도 등장한다. C. S. 루이스도 《우리가 얼굴을 찾을 때까지》에서 큐피드와 프시케 신화를 재해석한 바 있다.

우리가 알아둘 이야기

프시케 공주의 빼어난 미모는 멀리 타국까지 알려져서 각지에서 사람들이 공주를 보려고 몰려들었다. 어찌나 아름다운지 **미의 여신** 비너스(아프로디테)보다 더 아름답다고 칭송받았다. 프시케는 기특하게도 이 같은 비교에 들뜨거나 하는 법이 없었다.

하지만 비너스는 벌어지는 일들을 모두 지켜보고 있었고 몹시 분개했다. 비너스보다 더 아름다운 사람은 있을 수 없었다. 그것은 불가능한 일이었다. 가당찮은 칭찬을 받은 프시케에게 분노한 비너스는 프시케를 벌주려고 자기 아들 큐피드를 지상에 내려보냈다. 큐피드는 끔찍하게 못생긴 피조물이 프시케 근처에 있을 때 자신의 화살로 프시케를 쏘아 맞힐 생각이었다. 그러면 그녀에게 청혼한 준수한 남자들을 모두 마다하고 괴물 같은 남자(인간이든 아니든)와 사랑에 빠질 것이었다.

큐피드는 어머니가 요청한 것을 그대로 실행하려고 지상에 내려왔지만, 프시케를 본 순간 가슴이 떨렸다. 그런 떨림은 생전 처음이었다. 큐피드는 프시케에게 마음을 온통 빼앗기는 바람에 어머니의 요청대로 프시케를 파멸시킬 수가 없었다. 그 대신 은밀히 함께 지낼 수 있는 숲속의 궁전으로 프시케를 데려가려고 마음먹었다. 그러나 둘 사이에는 장애물이 하나 있었다. 프시케는 큐피드를 볼 수가 없었다(항상 그런 것은 아니지만 인간이 신의 얼굴을 보는 것은 금물이었다). 큐피드가 이러한 계획을 세우는 사이 정작 프시케는 괴물과 "혼인"하는 형태로 비너스 여신의 진노를 달래야 한다고 믿고 있었다. 부모와 두 언니의 손에 이끌려 절벽으로 행진한 프시케는 그곳에 혼자 남겨졌다. 이때 큐피드는 서풍의 신 제피로스에게 부탁해 프시케를 절벽 아래 궁전으로 데려갔다. 궁전에 도착했을 때 프시케는 어리둥절했다. 자신이 예상했던 상황과는 달랐다. 괴물은 어디에 있지? 아름답고 화려한 궁전에는 아무도 살지 않는 듯했다.

날이 어둑해지자 드디어 어떤 이가 프시케를 찾아와 자신이 남편 될 사람이라고 말했다. 프시케는 어둠 속에서 남편의 얼굴은 보지 못하고 목소리만 들을 수 있었다. 매일 밤 프시케는 남편을 만났고, 비록 얼굴은 보지 못해도 남편을 사랑하게 되었다. 하지만 궁전에서 혼자 지내다 보니 점점 외로워졌다. 그녀는 이 궁전에 언니들을 초대하도록 허락해달라고 남편에게 부탁했다(그녀는 자신이 어디에 있는지 몰랐기에 남편의 허락 없이는 불가능한 일이었다). 궁전에 초대받은 프시케의 언니들은 프시케가 남편의 얼굴을 볼 수 없다고 하자 괴물과 결혼한 것이 틀림없다고 말했다. 남자가 얼굴을 보여주지 않는다면 괴물이 분명하니 칼과 등불을 준비해 두었다가 그가 정말로 어떻게 생겼는지 등불을 비춰 확인하고 나서 괴물이 맞으면 그를 죽이고 이 궁전에서 탈출하라고 프시케를 설득했다.

그날 밤 프시케는 언니들이 시킨 대로 했다. 칼을 들고 잠든 남편 앞에서 선 그녀는 등불을 비춰 보고는 어안이 벙벙했다. 남편은 괴물이 아니었을 뿐 아니라 그녀가 여태껏 본 남자 중에서 가장 아름다웠다. 그도 그럴 것이 남편은 바로 **사랑**의 신이자 **성애**의 신이었다. 그런데 프시케가 넋이 나가 그의 아름다움을 감상하는 사이 뜨거운 등잔불 기름을 남편 몸에 흘리고 말았다. 큐피드는 깜짝 놀라 잠에서 깼다. 그는 프시케가 든 칼을 보고 가슴이 철렁 내려앉았다. 그리고 화가 머리끝까지 치솟았다. 큐피드는 즉시 하늘로 날아올라 프시케를 궁에 홀로 남겨둔 채 떠나버렸다.

프시케는 자신이 저지른 짓이 부끄러워 쥐구멍에라도 숨고 싶었다(아름다운 궁전 **그리고** 사랑의 신, 이 둘을 모두 제 손으로 걷어 차버렸다는 사실에 속상한 것은 말해 무엇하랴). 그녀는 어떻게든 큐피드를 다시 만나고 싶어 그를 찾아 헤맸다. 여러 신전을 전전하다가 결국 비너스의 신전에 이르렀다. 하필 비너스의 신전이라니 이것은 실수였다. 비너스는 프시케를 한눈에 알아봤고, 자기 아들을 불구로 만들었다며 그녀를 비난했다(사실은 가벼운 화상에 지나지 않았다). 비너스는 신전에 프시케를 가두고 그녀가 저지른 일에 대한 벌로 고문이나 다름없는 노역을 시켰으며 그 강도는 날로 심해졌다. 그러는 사이 프시케는 큐피드 얼굴도 보지 못했다. 그에게 말 붙일 기회를 가질 수만 있다면 그녀가 진심으로 그를 사랑했으며 그를 불신하고 상처를 입힐 의도가 없었다는 사실을 설득할 자신이 있었다. 사실 프시케 눈에는 보이지 않았지만, 프시케가 그 힘든 노동을 감내하는 동안 큐피드는 비너스가 시킨 과제들을 프시케가 무사히 완수하도록 몰래 그녀를 돕고 있었다. (비너스가 벌로 내준 과제에는 곡식더미에서 씨앗을 종류별로 분류하는 일, 사납게 날뛰는 양 떼의 황금 양털을 모으는 일, 지하 세계의 강물을 길어오는 일 등이 있었다).

프시케는 이 과제들을 끝까지 해내어 그녀가 진심으로 큐피드를 사랑하고, 자신의 잘못을 만회하고 싶어 한다는 사실을 비너스에게 입증해 보였다. 프시케가 비너스의 시험을 완수하고 나자 비너스는 패배를 인정해야만 했다. 프시케는 큐피드와 재결합 했으며 올림포스산에 올라 불로불사의 몸으로 승격했다(이 같은 일이 인간에게 일어나는 경우는 드물었다). 그녀는 이름이 뜻하는 대로 영혼의 여신이 되었다.

비너스가 내준 시험을 극복한 프시케 이야기는 실수를 만회하고 극복하는 인간의 능력과 인내심을 다룬 이야기이다. 아울러 그리스 신화에서는 드물게 해피엔딩으로 끝나는 진정한 사랑 이야기이기도 하다.

❧

님프 그리고 필멸의 청년
(강의 신과 님프 사이에서 태어난 아들)

에코와 나르키소스

에코와 나르키소스는 누구인가?

에코는 산의 님프(오레아드)로 보이오티아의 키타이론산에서 님프들과 어울리며 시간을 보냈다. 숲의 님프들은 그들을 총애하는 아르테미스보다 제우스에게 더 관심이 많았다. 나르키소스는 강의 신과 님프 사이에서 태어난 아들로 부모의 신성은 물려받지 못한 모양이지만 용모가 무척 아름다웠다. 에코와 나르키소스 이야기는 따지고 보면 낭만적이지 않고 오히려 비극적이지만 이 둘은 예술 작품에서 단골 소재로 쓰인다.

우리가 알아둘 이야기

에코는 수다쟁이였다. 다른 님프들과 어울려 수다 떠는 것을 즐겼고, 님프들(과 제우스)의 은밀한 사생활이 발각되지 않도록 돕는 역할도 했다. 제우스는 키타이론산의 님프들과 함께 시간을 보내는 것을 즐겼으며 님프들도 제우스와 함께하는 것을 반겼다. 님프들은 헤라가 남편을 감시하며 그와 어울리는 여자들을 응징한다는 사실도 익히 알고 있었다. 여기서 에코의 역할이 등장한다. 제우스가 헤라 눈을 피해 그녀의 친구인 님프들과 어울릴 때면 에코가 나서서 헤라를 따돌리곤 했다. 에코는 헤라를 붙잡고 쉴 새 없이 수다를 떨어 시간을 벌었고, 헤라에게 발각되기 전에 제우스와 님프들이 난처한 상황을 모면할 수 있도록 애썼다. 하지만 결국 헤라도 에코가 무슨 짓을 하는지 알아차렸다. 헤라는 그 벌로 다른 사람이 하는 말을 그대로 반복하는 것 외에는 에코가 아무 말도 하지 못하게 만들어버렸다. 에코는 상대가 먼저 말을 걸어주지 않으면 말할 수 없었고, 주변에서 누군가 어떤 말을 하면 반드시 그 말을 따라 해야 했다. 이는 여간 **괴로운** 일이 아니었다.

저주에 걸린 상태에서 에코는 나르키소스라는 청년을 우연히 마주쳤다. 나르키소스는 아름답고 잘생겼으며 그 사실을 누구보다 자신이 잘 알았다. 나르키소스는 나르시시스트(물론 이 단어 자체는 아직 생겨나지 않았을 때이지만)로 악명이 높았다. 자신의 미모에 사로잡힌 나머지 다른 이들에게는 아무 매력도 느끼지 못한 것으로 유명했다. 에코는 나르키소스에게 홀딱 반했지만(그렇지 않은 사람을 찾는 게 빠를 것이다), 그에게 먼저 말을 걸 수가 없었다. 운 좋게도 그 순간 나르키소스가 친구들을 불렀다. "누구 있니, 여기?" 에코는 저주 때문에 그가 한 말의 마지막 단어 "여기!"만 그대로 반복했다. 주변에 누가 있는 것인지 나르키소스가 알아내려고 애쓰는 동안 그는 거듭 소리쳤고 그녀는 계속 그 말을 반복했다. 일방적인 대화일 뿐이지만 덕분에 에코는 나르키소스에게 자신을 드러낼 수 있었다. 누군지 모르지만 나와서 함께 놀자고 나르키소스가 말했고, 에코도 같은 말을 되풀이했다. 나르키소스도 자기와 똑같은 마음일 거라고 에코는 확신했다. 에코는 들뜬 마음에 나르키소스에게 달려가 두 손으로 그의 얼굴을 어루만졌다. 나르키소스는 화들짝 놀랐다. 그는 몹시 충격을 받은 얼굴이었고 그 어디에도 에코를 반기는 기색은 찾아볼 수 없었다. 나르키소스는 에코를 뿌리치며 큰소리로 꺼지라고 외쳤다.

창피를 당한 에코는 마음에 상처를 입고 나르키소스로부터 달아나 근처 동굴에 숨었다. 동굴에서 지내는 동안에도 한 번 보았던 나르키소스에 대한 열병은 커져만 갔고, 에코는 하루하루 야위어 끝내 죽음을 맞았다.

저주를 받은 것은 나르키소스도 마찬가지였다. 그는 자기 외에는 아무도 사랑하지 못했다. 어느 날 그는 연못에서 샘물에 비친 자기 얼굴을 보게 된다. 거기에는 잘생긴 남자가 있었고, 나르키소스는 그 남자에게 한눈에 반하고 말았다. 자신을 빤히 바라보고 있는 사내, 곧 자신의 얼굴과 사랑에 빠진 것이었다. 연못가에 엎드려 자신의 모습을 들여다보던 나르키소스는 거기에 시선을 고정한 채 움직일 생각도 하지 않았다. 그렇게 꼼짝도 하지 않고 자기 모습만 바라보느라 몸이 쇠약해진 나르키소스는 끝내 죽음을 맞았다. 그가 죽은 자리에는 그의 가족이 애도할 시체조차 남지 않았고 노란색과 황금색의 작은 꽃들이 자랐다.

우리가 몰랐던 이야기

고대 그리스인들은 (어쩌면 당연한 일이지만) 에코가 머물던 장소에서 메아리(에코)가 울려 퍼진다고 믿었다. 세계 곳곳의 동굴에 그녀의 목소리가 남아 있어 근처에서 누군가 말을 하면 그 말의 마지막 단어만을 따라 한다는 것이다. 에코와 마찬가지로 나르키소스에게서 (역시 당연한 일이지만) 그를 기리는 꽃 이름 나르키소스(수선화)뿐 아니라 **나르시시즘**이라는 용어와 개념이 파생했다.

티폰과 에키드나

<u>또 다른 이름</u>

티포에우스(더 오래된 이름)과

에키드나(Ekhidna: Echidna와 철자가 다르다)

티폰과 에키드나는 누구인가?

티폰과 에키드나는 그리스 신화에서 가장 오래된 괴물들이다. 티폰은 가이아와 타르타로스 사이에서 태어났고, 에키드나는 케토(악명 높은 바다 괴물)와 포르키스(태곳적 해신) 사이에서 태어났다. 티폰과 에키드나 사이에서 태어난 자식들은 대부분 그리스 신화에서 손꼽히는 무시무시한 괴물들이었다.

티폰에 관해서는 묘사가 다양하다. 일설에는 폭풍을 일으키는 괴물이라고도 하는데 약간씩 차이는 있지만 뱀을 닮은 형상으로 묘사될 때가 가장 많았다. 대체로 상반신은 인간이고, 하반신은 뱀의 꼬리가 두 개 달린 반인반수였다. 게다가 이것만으로는 너무 평범해 보였는지 티폰의 손가락까지 **100마리의 뱀**으로 되어 있었다고 한다.

아울러 티폰 역시 날개가 달린 모습으로 묘사될 때가 많았다. 에키드나도 티폰처럼 반인반수였는데 티폰만큼 무시무시하지는 않았다. 에키드나는 상반신은 여자이고 하반신은 똬리를 튼 뱀의 형상이었다.

티폰과 에키드나가 낳은 괴물에는 다음과 같은 것들이 있다.

- 케르베로스: 머리가 셋 달린 개로 지하 세계 입구를 지켰다.

- 히드라: 머리가 여럿 달린 괴물(헤라클레스 편을 참조하자).

- 키마이라(키메라): 몸통에는 염소 머리가 튀어나와 있고, 꼬리는 뱀으로 되어 있으며 입에서 불을 내뿜는 사자(하늘을 나는 유명한 말 페가수스의 도움을 받은 영웅 벨레로폰에게 죽임을 당했다).

- 크롬미온의 암퇘지: 불을 내뿜는 돼지로 테세우스에게 죽임을 당했다.

- 카우카소스의 독수리: 영원토록 프로메테우스의 간을 쪼아 먹도록 제우스가 보낸 독수리

- 헤스페리데스의 용: 헤스페리데스 정원을 지키는 용.

- 스핑크스: 상반신은 여자이고, 하반신은 사자이고 독수리의 날개가 달렸다(오이디푸스 편을 참조하자).

- 네메아의 사자(헤라클레스 편을 참조하자).

참으로 다복한 괴물 부부였다!

우리가 알아둘 이야기

티폰의 탄생은 가이아가 자식들 혹은 손자들에게 분노하면 어떤 일을 저지를 수 있는지 제대로 보여주는 사례였다.

올림포스 신들과 티탄 신족과의 전쟁에서 제우스가 승리하고 제왕의 자리에 올라 크로노스와 그 연합군인 티탄 신족을 모조리 축출했을 때 가이아는 **진노**했다. 가이아 자식들(제우스에게는 부모가 되는 티탄들)이 그녀의 손자에 의해 쫓겨난 것이다! 가이아는 제우스를 응징하고 싶었으며 이를 위해 세상이 본 적 없는 가장 무시무시한 괴물을 낳았다. 바로 티폰이었다.

티폰이 제힘을 온전히 발현하기 전에 제우스가 격퇴했기 망정이지 그렇지 않았더라면 티폰은 만물을 지배할 만큼 강력해졌을 것이다. 제우스는 천지가 떠나갈 듯 엄청난 천둥 번개를 티폰에게 집어던져 선제공격했다. 그 위력이 하도 세서 대지와 바다(바닷물이 들끓었다고 한다!), 지하 세계는 물론이고 심지어 타르타로스(지하 세계에서도 **훨씬 더 깊은 곳**으로 티탄 신족이 갇힌 곳이었다)까지 흔들렸다. 제우스가 수많은 번개를 던지자 티폰은 땅으로 추락했고 그 충격으로 한동안 정신을 차리지 못했다. 제우스는 티폰을 불태우려고 번개를 연이어 내리쳤으며 그 바람에 티폰 주위의 대지가 불바다가 되었다.

제우스와 티폰은 갈수록 치열하게 공방을 이어갔으며 전쟁은 긴박하게 전개되었다. 제우스가 던진 번개의 불길이 너무 사나워 **대지가 녹아내릴 정도**였다. 제우스는 끝내 티폰을 물리치고 패배한 티탄 신족들과 함께 티폰도 타르타로스로 보내버렸다.

✤

일부 전승에 따르면 티폰은 타르타로스에 갇힌 게 아니라 이탈리아 시칠리아섬 아래 깊디깊은 곳에 갇혔다. 이 섬에는 에트나 화산이 있는데 지금도 이 화산이 활발한 것은 티폰의 분노가 잠들지 않고 있음을 보여 주는 증거라고 한다.

우리가 몰랐던 이야기

제우스와 티폰 간의 전투에 관해서는 티폰이 제우스의 몸에서 힘줄을 모두 뽑아버렸다는 설도 있다. 로베르토 칼라소가 아름답게 서술한 그리스 신화 《카드모스와 하르모니아의 결혼》을 보면 영웅 카드모스 덕분에 제우스가 힘줄을 도로 찾는다.

제4부
영웅과 인간들

그리스 신화에 나오는 필멸의 인간들은 영웅이든 아니든 그리스인들이 신들의 권모술수와 자연계에서 벌어지는 일들을 이해하는 방식에서 중요한 역할을 했다. **모든** 신화가 그렇지는 않지만, 인간이 등장하는 이야기는 좋든 나쁘든(대개는 나쁜 쪽이었지만) 신들이 인간의 삶에 개입하는 방식을 보여줄 때가 많다.

4부에서 다루는 여러 여인의 이야기는 제우스가 어떤 식으로든 삶을 망가뜨린 인물들의 이야기나 다름이 없다. 고대 그리스인들은 제우스를 사랑하고 숭배했지만, 제우스를 비롯해 여러 신들이 그야말로 하찮은 이유로 혹은 아무런 이유도 없이 끔찍한 짓을 저지를 수 있음을 잘 알았다. 신들을 이렇게 묘사하는 방식은 신들과 똑같이 끔찍한 짓을 벌이는 인간을 이해하는 방식과도 상통한다. 인간의 오만을 다룬 이야기, 즉 자신이 신과 비견할 만한 능력을 지녔다거나 나아가 신보다 더 뛰어나다고 믿었던 사람들의 이야기(신들과 자기를 비교한 인간은 예외 없이 비극을 맞이했다)도 소개한다. 그리고 영웅들의 이야기가 있다. 영웅은(대부분) 남성이었고 이들은 괴물을 죽이고, 어려운 과제를 완수하고, 도시를 구한다. 고대 그리스 세계에서 영웅은 매우 중요했다. 영웅은 특정한 도시국가의 흥망성쇠와 결부되었고, 해당 국가는 그들의 영웅을 신처럼 숭배했다(영웅은 신과 인간 사이에서 태어난 경우가 많았다).

4부에서는 마지막으로 호메로스의 《일리아드》와 《오디세이》를 기반으로 트로이 전쟁의 남자들을 소개한다. 두 편의 장대한 서사시는(장편소설에 버금가는 분량이다) 대략 기원전 800년에서 700년 사이에 기록된 것으로 추정된다. 사실 호메로스가 실존 인물인지 아닌지 확실치 않다(저자가 한 사람이 아니라 오랜 세월에 걸쳐 여러 사람의 손을 거쳤다는 견해도 있다). 다만 이들 작품이 다른 신화와는 차별화된 방식으로 고대 세계에 대한 통찰을 담고 있다는 것은 주지의 사실이다. 서사시의 등장인물들(파리스, 아가멤논, 아킬레스, 오디세우스)은 각각 고유한 특징을 지니고 있으며 전형적이지 않다. 그 이유는 지역마다 전하는 허구적 설화가 아닌 고대 그리스인들이 실제 역사로 믿었던 사건들을 이야기하기 때문이다. 이들을 영웅 항목에서 다루긴 하지만 이들이 모두 영웅은 아니었다. 우리는 버릇없는 왕자, 잔인한 전쟁광, 고국에 돌아가기를 간절히 바라는 결점투성이 사내를 만나게 될 것이다.

$$\text{⚜}$$

테베의 공주, 카드모스와 하르모니아의 딸

세 멜 레

세멜레는 누구인가?

세멜레는 도시국가 테베의 공주로 이 도시를 건국한 카드모스와 하르모니아의 딸이었다. 세멜레는 이 부부가 낳은 후손 중 맏이로서 가문에 내린 저주 탓에 비극적 운명을 맞게 되었다(이 저주에 관한 자세한 내용은 카드모스 편을 참조하자). 그 유명한 오이디푸스는 물론이고 세멜레의 조카 악타이온과 펜테우스(펜테우스에 관해 자세한 내용은 디오니소스 편을 참조하자)는 카드모스 집안에 내린 저주로 재앙을 입은 자들이다. 여기서 흥미로운 사실은 카드모스와 하르모니아 부부는 그들의 자손들이 저주로 불행한 삶을 살게 되리라는 사실을 알게 되었지만, 부부가 직접 저주로 인한 재앙을 받지는 않았다는 점이다.

디오니소스의 어머니인 세멜레는 제우스(혹은 다른 올림포스 신!)와 정을 통해 임신한 여성 가운데 그 자식이 불로불사의 신이 된 드문 경우이며 특히 올림포스 주신 명단에 이름을 올린 디오니소스처럼 중요한 신의 어머니가 된 사례로는 유일한 여성이다.

웹툰《로어 올림푸스》에도 제우스와 세멜레 이야기가 일부 등장한다.

우리가 알아둘 이야기

제우스가 인간 여성이나 여신과 "사랑에 빠졌던" 이야기는 한둘이 아닌데 그중에는 세멜레 이야기도 등장한다. 다만 세멜레는 제우스를 사랑했고, 제우스 역시 나름대로 세멜레를 사랑했던 모양이다. 제우스는 세멜레를 아꼈고, 무엇이든 그녀가 바라는 것을 이루어주겠다고 약속했다. 둘은 한동안 함께 지냈고 세멜레는 아이를 잉태했다. 그들은 적지 않은 밤을 함께 보냈으며(모든 것을 공유하지는 않아도) 서로 알아가기에 충분한 시간이었다. 세멜레는 제우스의 진짜 모습을 본 적은 없어도 그가 누구인지 알았다.

유모로 일할 노파를 만나기 전까지 세멜레는 제우스의 진짜 모습을 보고 싶다는 생각조차 한 적이 없었다. 세멜레는 아이를 잉태한 사실과 아이 아버지에 관해 노파와 대화를 나눴다. 세멜레는 아기 아버지가 제우스 신이라고 말했다. 노파는 빙긋 웃으며 세멜레 말대로 진짜 제우스 신이기를 바란다면서 숱한 사내들이 여자에게 자기가 신인 척 행세하지만 결국에는 다들 아기를 버리고 떠날 뿐이라고 덧붙였다. 세멜레는 자신이 속았을 리가 없다고 생각하면서도 불안해졌다. 하기야 아기 아버지가 제우스라니 너무 꿈같은 일이긴 했다! 노파는 아기 아버지 문제로 이야기를 이어가면서 세멜레를 설득했다. 아기 아버지가 신들의 제왕이자 천둥의 신 제우스인지 확실히 해두려면 제우스가 그의 본처 헤라를 만날 때와 똑같은 모습을 보여 달라고 요구하라는 것이었다. 그런데 알고 보니 이날 세멜레에게 의심을 심은 노파는 바로 헤라 여신이었다. 헤라는 세멜레를 응징하는 방법으로 제우스를 응징할 생각이었다.

세멜레는 다음에 제우스를 만났을 때 노파가 시킨 대로 말했다. 세멜레의 요구를 무엇이든 다 들어주기로 서약했던 제우스는 그녀의 요구가 어떤 결과를 초래할지 알았기에 그 요구를 무르게 하려고 애썼다. 자신이 서약한 것을 깰 수 없으니 세멜레의 요구를 들어주어야 할 텐데 그랬다가는 그녀가 무사하지 못할 것이었다. 하지만 세멜레는 제우스에게 그가 아내에게 보여주는 것과 똑같은 모습을 자기에게도 보여 달라고 딱 잘라 말했다. 제우스는 어쩔 수 없이 이 요구를 받아들였다. 제우스는 본래의 모습을 드러냈다. 제우스가 신의 형상으로 나타나자마자 천둥과 번개가 쏟아졌고, 세멜레는 내리치는 번개에 그 자리에서 목숨을 잃고 말았다. 미리 사태를 예견한 제우스는 죽은 세멜레의 배에서 태아를 꺼냈다. 그리고 자신의 허벅지 안에 넣고 봉합해 아기가 그 안에서 계속 자라도록 조치했다. 달이 차고 제우스의 허벅지에서 디오니소스 신이 태어났다. 훗날 디오니소스는 올림포스 주신의 반열에 올랐는데 필멸의 인간을 부모로 둔 유일한 올림포스 신이었다.

제우스의 허벅지에서 태어난 디오니소스를 가리켜 제우스가 아기를 "낳은" 또 다른 사례로 거론하기도 한다. 하지만 아테나의 경우와 마찬가지로 실상은 제우스가 아기 엄마의 죽음을 초래했고, 비록 세멜레는 구하지 않았어도 신의 능력을 써서 아기를 구했다고 하는 게 옳다.

우리가 몰랐던 이야기

에우리피데스의 희곡 《바카이》는 세멜레의 여동생들이, 심지어 언니가 제우스 때문에 죽은 뒤에도, 아기 아버지가 제우스라는 사실을 좀처럼 믿지 못하는 장면으로 시작한다. 세멜레의 여동생들은 언니가 죽었음에도 가문에 내린 저주로 언니가 비극을 맞이했다는 사실을 받아들이지 못했다(이 희곡에 관해서는 디오니소스 편을 참조하자).

✣

아르고스의 공주

이오

이오는 누구인가?

이오는 아르고스의 공주로 미인이었고 헤라 신전에서 여사제의 역할을 담당했다(아르고스는 헤라 여신이 총애하던 도시였다). 이오는 훗날 이집트에서 이시스 여신과 같은 신으로 여겨졌다. 지중해 주변에 인접한 문명권에서는 여러 문명에서 똑같은 신이 등장할 때가 많았고, 덕분에 당시 사람들은 다른 나라 신전에서도 자신이 섬기는 신을 볼 수 있었다. 일부 문화권에서는 이오가 달을 상징했다.

2010년도 영화 《타이탄》서도 이오라는 인물이 등장하는데 비슷한 특징을 일부 공유하지만 그리스 신화의 그 이오와는 다르다. 고대의 문학 작품 중에는 아이스킬로스가 쓴 희곡 《결박된 프로메테우스》에서 이오가 등장하는데, 여기서 그녀는 세상을 떠돌다가 우연히 티탄 신족 프로메테우스를 만나게 된다. 그때 프로메테우스는 몸이 결박된 채 영원히 끝나지 않을 형벌을 받고 있었다(프로메테우스 편을 참조하자).

우리가 알아둘 이야기

이오 이야기의 시작은 그리스 신화 속 다른 여인들의 이야기와 대동소이하다. 신들의 왕 제우스는 어느 날 이오를 보고 마음에 품었다. 헤라(제우스의 아내)의 여사제였던 이오는 신전에서 여신을 섬기는 일을 하며 많은 시간을 보냈다. 제우스가 이오를 눈여겨본 곳도 그곳이었다. 제우스는 이오를 보고 "사랑에 빠졌다"고 한다. 말이 사랑이지 그의 전력에 비춰 볼 때 제우스가 강제로 사랑을 요구했을 가능성이 더 크다. 다른 도시도 아니고 헤라에게 봉헌된 아르고스에서 제우스가 버젓이 바람을 피웠다는 사실도 헤라로서는 더욱 치욕스러운 일이었다. 헤라는 제우스가 이오에게 흑심을 품고 있음을 곧바로 알아차렸고, 이오와 함께 있는 현장이 헤라에게 발각될 위기에 놓이자 제우스는 이오를 소로 둔갑시켰다. 조금이라도 시간을 더 벌어볼 심산이었다.

헤라는 남편이 진실을 은폐할 때 쓰는 수법을 모르지 않았으므로 정체가 불분명한 암소랑 제우스가 느닷없이 많은 시간을 보내는 이유를 단박에 알아차렸다. 헤라는 자신을 속이는 제우스에게 앙갚음하려고 그 암소를 선물로 달라고 요구했다. 만약 거절한다면 그의 비밀이 들통날 것이므로 제우스는 암소로 변한 이오를 헤라에게 내줄 수밖에 없었다. 제우스를 응징하는 차원에서 세멜레에게 분풀이했듯이 이번에도 헤라는 이오에게 벌을 주기로 했다.

헤라는 자신이 총애하는 파수꾼 아르고스 파놉테스(**파놉테스**는 "온통 눈인" 혹은 "모든 것을 보는"이라는 뜻이다)에게 이오를 감시하고 제우스가 다시 이오와 접촉하지 못하게 하라고 지시했다. 아르고스는 암소가 된 이오를 올리브 나무에 묶어 두고 밤낮으로 감시했다. 수많은 눈을 지닌 아르고스는 한꺼번에 모든 눈을 감을 일이 없으므로 더할 나위 없이 훌륭한 파수꾼이었다. 하지만 제우스는 이오에게 푹 빠져 있던 터라 이오를 헤라의 손아귀에서 벗어나게 해주고 싶었다. 제우스는 아르고스를 죽이고 이오를 풀어주기 위해 자기 아들이자 사기꾼 신인 헤르메스를 지상에 내려보냈다. 헤르메스는 자장가를 연주해 아르고스를 재운 후에(아르고스는 눈이 **전부** 감길 만큼 깊이 잠들었다) 이 거대한 괴물의 목을 베어버렸다.

총애하던 파수꾼의 죽음에 분노한 헤라는 쇠파리를 보내 이오를 끈덕지게 괴롭혔다(이오는 여전히 암소의 몸이었다). 이오는 쇠파리 떼를 피해 그리스 본토와 지중해 전역을 떠돌다가 결국에는 이집트에 이르렀다.

해리 포터 시리즈에 나오는 호그와트 관리인은 이름이 아거스 필치인데 이는 모든 것을 보는 아르고스 파놉테스의 특징을 살린 이름이다. 아르고스 파놉테스가 수많은 눈을 부릅뜨고 모든 것을 감시하듯 아거스 필치도 어찌 된 일인지 성에서 일어나는 일이라면 모두 알고 있는 것으로 보인다.

우리가 몰랐던 이야기

이오는 쇠파리 떼를 피해 배회한 끝에 이집트에 다다랐고, 나일강 강변에 도착해서야 비로소 쇠파리 떼로부터 자유로워졌다. 그리스인들은 이오가 정착하고 그 자손들이 그 지역을 지배했다고 믿었다. 일각에서는 이 과정에서 이오가 이집트의 토착신인 이시스 여신과 동일시되었다고 설명한다.

에우로페

에우로페는 누구인가?

에우로페는 중동 지중해 연안(오늘날 레바논과 그 인접 지역)에 있던 고대 문명인 페니키아 출신의 아가씨였다. 페니키아는 고대 그리스 도시국가들의 주요 무역 상대국이었으며 중동과 북아프리카 지역으로 세력을 확장해 여러 식민 도시를 건설했다(유명한 도시국가인 카르타고 역시 원래는 페니키아의 식민지였다). 에우로페는 티레의 왕과 왕비 사이에서 태어났으며 포이닉스와 카드모스의 여동생이었다.

우리가 알아둘 이야기

고대 알렉산드리아의 시인 모스코스에 따르면, 에우로페는 꿈을 꾸다가 새벽녘 잠에서 깼다. 꿈에서 에우로페는 하나는 가까이 있고 다른 하나는 멀리 있는 두 대륙이 여인의 형상으로 자기를 차지하려고 서로 싸우는 것을 보았다. 그 가운데 하나가 아시아 대륙인 것은 에우로페도 알 수 있었다. 아시아는 에우로페에게 자신이 그녀를 낳은 어머니이므로 에우로페를 차지해야 한다고 주장했다. 에우로페가 그 이름을 알지 못하는 또 다른 대륙의 여인은 에우로페에게 거칠게 다가와 그녀를 잡아챘다. 그러면서 신들의 왕 제우스께서 직접 결정한 일이라며 에우로페는 자신이 차지해야 한다고 주장했다.

에우로페는 섬뜩해서 몸서리를 치며 눈을 떴다. 그저 꿈일 뿐이라고 놀란 가슴을 다독이며 에우로페는 여느 때처럼 하루를 시작했다(이 꿈 이야기는 모스코스의 작품으로 주로 전해지는데, 꿈 이후에 벌어진 이야기는 대중에 훨씬 더 많이 알려졌다). 에우로페는 친구들과 꽃을 따러 바닷가 쪽으로 놀러 나갔다. 그런데 어디서인가 새하얗고 거대한 황소가 불쑥 나타나 그녀와 친구들에게 다가왔다. 난데없이 등장한 황소 때문에 다들 깜짝 놀랐다! 친구들은 놀라서 멀찍이 거리를 두었는데 에우로페는 눈을 반짝이며 소에게 가까이 다가갔다. 에우로페는 황소 등에 올라타고 싶었다. 황소는 에우로페를 놀래지 않으려고 그녀가 등에 오를 동안 얌전히 등을 내주었고 덕분에 에우로페는 안심했다. 하지만 에우로페가 등에 올라타자마자 황소는 벌떡 일어나 바다를 향해 전속력으로 질주했다. 친구들은 에우로페가 저 멀리 멀어져 가는 동안 속수무책으로 지켜볼 뿐이었다. 에우로페는 겁에 질렸지만(멀쩡하면 이상한 일 아닌가?), 그녀가 할 수 있는 일은 없었다. 그도 그럴 것이 괴이한 황소 등에 올라탄 그녀는 바다 한가운데를 건너고 있었다.

에우로페를 등에 태운 황소는 이윽고 어느 섬에 당도했다. 황소가 해안가에 이르자 에우로페는 즉시 뛰어내렸고, 놀라운(그리고 솔직히 몹시 기묘한) 경험으로 요동치는 마음을 진정시키려고 애썼다. 에우로페가 정신을 차리고 뒤를 돌아보았는데 황소가 사라지고 없었다. 아니, 있기는 있었는데 그것은 황소가 아니었다. 하얀 황소는 제우스 신으로 변신해 있었다. 제우스는 에우로페에게 이 섬이 이제 그녀의 소유이고, 그녀가 여기서 아들을 낳을 것이며 그 아들이 이 섬을 다스리는 왕으로서 첫 왕조를 열 것이라고 말했다. 이 섬의 이름은 크레타였고, 크노소스라 불리는 도시에 왕국이 건국되었다(크레타섬 크노소스에서 전해 내려오는 서사에 관해서는 파시파에와 미노스, 테세우스, 아리아드네, 파이드라, 미노타우로스 편을 참조하자).

제우스는 에우로페를 겁탈하고 그녀를 그 섬에 혼자 남겨둔 채 떠났다. 그녀가 이때 잉태한 아기가 바로 훗날 미노스라는 이름으로 불릴 크레타섬의 왕이며 전설적인 미노아 문명의 창시자다. 에우로페는 제우스와의 사이에서 여러 자식을 두었으며 라다만티스와 사르페돈도 나름 이름을 알렸다.

에우로페 이야기에서 그나마 다행인 점은 제우스가 바람을 피운 상대 중에 헤라의 끔찍한 분풀이를 피해간 소수에 해당한다는 것이다! 에우로페는 고향을 떠나 멀리 크레타섬에서 살아야 했지만, 자식들 곁에서 불행하지만은 않았다.

우리가 몰랐던 이야기

다들 짐작했겠지만, 유럽 대륙이라는 이름은 에우로페에서 유래했다고 한다. 그녀의 꿈에 나타나서 제우스의 축복을 받았노라며 그녀를 잡아끌던 대륙이 바로 유럽 대륙이었다. 유럽이 어떻게 그런 이름을 갖게 되었는지 그 어원을 설명하는 이야기로서 그다지 근사하지는 않지만, 에우로페의 이야기는 크레타섬과 황소가 등장하는 수많은 드라마의 출발점이다.

스파르타 왕비, 카스토르와 폴리데우케스,
헬레네, 클리타임네스트라의 어머니

레 다

레다는 누구인가?

레다는 스파르타의 틴다레우스 왕과 결혼해 왕비가 되었고, 헬레네와 클리타임네스트라 말고도 쌍둥이인 카스토르와 폴리데우케스를 낳았다. 레다는 특히 다양한 미술품에서 백조로 변신한 제우스와 함께 단골 소재로 등장한다. 제우스는 여러 인간 여성과 동침해 멋진 영웅들과 신을 낳았지만, 백조로 변신해 여자에게 접근한 수법은 유독 **참신했다.** 그만큼 독특한 이야기여서 고대 신화를 활용한 수많은 미술품 중에서 레다가 등장하는 장면을 식별하는 일은 어렵지 않다.

우리가 알아둘 이야기

레다의 운명에 관한 이야기는 제우스가 인간 여성에게 욕심이 생겨 인간도 아닌 동물로 변신해 여자를 겁탈한 또 하나의 사례일 뿐이다(이 책에 소개하지 않은 비슷한 사례도 많다!) 백조로 변신한 제우스에게 유린당한 스파르타 왕비는 아이를 가졌다. 하지만 똑같은 날 레다는 남편하고도 동침했다. 이 때문에(그리고 여성의 신체적 한계를 이해하지 못한 무지한 제우스 탓으로) 레다는 제우스뿐만 아니라 남편의 아이도 임신하게 되었다. 달이 차고 분만할 때가 되자 레다는 마치 백조라도 된 듯이 알을 낳았으며 **두 개의 알**에서 총 **네 명**의 자식을 얻었다.

레다가 낳은 알 하나에서는 쌍둥이인 카스토르와 폴리데우케스(미국에서는 라틴어 식 이름 폴룩스로 더 유명하다)가 나왔고, 또 다른 알 하나에서는 헬레네(그렇다. **트로이 전쟁을 일으킨 그** 헬레네를 말한다)와 클리타임네스트라가 깨어났다. 이들 자녀 중 두 명은 제우스가 아버지였고, 다른 두 명은 틴다레우스가 아버지였기에 두 명은 필멸의 인간이 되고 두 명은 불멸의 신이 되었다. 다만 누가 누구의 자녀인지에 관해서는 이런저런 설이 많다. 쌍둥이가 각기 서로 다른 알에서 태어났다고 말하는 전승도 있다!

카스토르와 폴리데우케스는 용맹한 형제로 영웅들과 여러 모험을 함께 했다. 이를테면 황금 양털을 찾아 나선 이아손과 아르고호 원정을 떠났고 그 유명한 칼리돈의 멧돼지 사냥(아탈란테 편을 참조하자)에 참가했다. 이뿐만 아니라 **어린 여동생** 헬레네가 테세우스에게 납치당했을 때 아테네를 쳐들어가 전면전을 치르고 헬레네를 구해서 무사히 고국으로 돌아왔다. 폴리데우케스는 언제나 제우스의 아들로 인정받긴 했지만 신은 아니었다. 하지만 평생에 걸쳐 보여준 영웅적인 의협심과 무용을 기려 두 형제 모두 사후에 신으로 승격했다. 쌍둥이 형제는 우애가 깊어 평생 서로 헌신했다. 카스토르와 폴리데우케스를 설명하는 여러 특성이 있지만, 특히 승마술의 신이자 선원과 여행자를 수호하는 신으로 숭배되었다.

카스토르와 폴리데우케스를 함께 칭할 때는 디오스쿠리(그리스어 디오스쿠로이에서 유래)라고 하며 형제는 하늘로 올라가 쌍둥이자리가 되었다. 형제가 죽어서 신이 된 것은 트로이 전쟁이 시작되기 전이었기에 그들의 누이를 차지하기 위해 벌어진 그 유명한 전쟁에는 참전하지 못했다.

클리타임네스트라는 나이가 차자 미케네 왕 아가멤논과 결혼했다. 얼마 후에 헬레네도 아가멤논의 동생 메넬라오스와 결혼했다. 메넬라오스는 헬레네의 남편이 된 덕분에 스파르타의 왕이라는 칭호를 얻었다. 헬레네와 클리타임네스트라는 각자 우여곡절을 거치며 트로이 전쟁에 휘말렸다. 트로이 왕자 파리스가 헬레네를 납치하자 메넬라오스가 아내를 되찾으려고 형에게 도움을 청했고, 이 때문에 트로이와 그리스 사이에 전쟁이 발발했다. 남자들은 전쟁터로 떠났고, 클리타임네스트라는 고향 미케네에 남아 10년 동안 남편을 살해할 계획을 짰다(아가멤논이 순조로운 항해를 위해 순풍을 얻고자 딸을 제물로 바쳤기 때문이다! 아가멤논의 죽음과 관련해서는 클리타임네스트라와 그 자녀들 편을 참조하자).

우리가 몰랐던 이야기

레다의 자녀 가운데 누가 제우스의 자녀이고, 누가 남편 틴다레우스의 자녀인지 이에 관해서는 이설이 다양하게 전해진다. 누가 알에서 태어났는지 아니면 누가 어떤 알에서 함께 태어났는지 이에 관해서도 마찬가지다. 대개는 카스토르와 폴리데우케스가 쌍둥이이고, 헬레네와 폴리데우케스가 제우스의 자식이라고 알려졌다.

악타이온

악타이온은 누구인가?

청년 악타이온은 숙련된 사냥꾼이었으며 보이오티아 지방의 아우토노에와 아리스타이오스 사이에서 태어났다. 그리고 테베의 건국자이자 아우토노에의 부모였던 카드모스와 하르모니아의 후손이었다. 가계도를 보면 악타이온이 맞이할 운명이 카드모스 집안에 흐르는 저주의 결과임을 의미한다(카드모스, 세멜레, 오이디푸스, 디오니소스 편을 참조하자). 카드모스와 하르모니아의 가족은 **수많은** 비극을 겪었다.

우리가 알아둘 이야기

악타이온의 이야기를 가장 아름답게(그리고 **감각적으로**) 서술한 사람은 로마의 시인 오비디우스였다. 악타이온은 친구들과 함께 사냥개들을 끌고 보이오티아에 있는 숲으로 사냥을 떠났다. 친구들과 신나게 사냥을 즐기며 사냥감을 넘치게 수확한 악타이온은 한낮의 더위를 피해 휴식 시간을 갖기로 했다. 사냥감을 쫓고 또 죽이느라 지쳤기에 잠시 쉬고 싶었다. 악타이온은 무리에서 벗어나 숲을 둘러보았다.

한편, 남자를 멀리하기로 소문난 처녀 여신 아르테미스도 그날 같은 숲에 있었다. 여신도 사냥을 하다 피로를 느껴 더위를 피해 쉴 곳을 찾았다. 아르테미스와 여신을 수행하는 님프들은 그들이 자주 찾는 연못이 있는 동굴로 향했다. 그들은 옷을 벗고 차례로 연못에 들어갔다. 서로 멱을 감고 놀기 시작하는데 악타이온과 마주치고 말았다. 악타이온은 깊은 숲속에서 우연히 동굴을 발견하고 들어갔다가 연못까지 다다른 것이었다. 님프들이 그를 저지할 새도 없이 악타이온은 여신 아르테미스가 알몸으로 멱 감는 모습을 보고 말았다.

고의였든 아니든 아르테미스의 벗은 몸을 목격한 것은 남자가 아르테미스에게 저지를 수 있는 최악의 행위였다. 아르테미스는 남자들과 가까이하고 싶은 마음이 털끝만큼도 없었고, 사냥복을 갖춰 입은 모습 외에는 어떤 모습도 남자들에게 보여주고 싶지 않았다. 님프들은 여신을 에워싸며 악타이온의 시야에서 여신의 몸을 감추려 애썼지만 소용없었다. 악타이온은 아르테미스 여신의 알몸을 모두 훔쳐본 뒤였다.

아르테미스는 처음에는 당황했으나 이내 분노에 차올랐다. 아르테미스가 악타이온에게 저주를 내리자 그의 몸이 수사슴으로 변하기 시작했다. 머리에서는 뿔이 돋아나고, 몸통이 늘어나고 온몸에서 털이 자라 더는 인간의 형상을 찾아볼 수 없게 되었다. 변신을 마친 악타이온은 쏜살같이 숲속을 질주했고 친구들과 사냥개들이 있는 곳에 이르렀다. 친구들은 악타이온이 보이지 않자 그의 이름을 부르며 찾고 있었다. 친구들은 수사슴이 접근하는 것을 보았지만 그 동물이 그들의 친구라는 사실은 꿈에도 알아채지 못했다. 그들에게 수사슴은 그저 또 한 마리의 사냥감에 불과했다. 사냥을 재개한 악타이온의 친구들은 수사슴을 겨냥해 사냥개를 풀었고, 개들은 수사슴으로 변한 악타이온을 갈가리 찢어 죽였다.

우리가 몰랐던 이야기

카드모스와 하르모니아 집안은 저주를 입어 수많은 비극을 겪었지만, 정작 저주의 대상인 부부는 아무런 재앙도 입지 않았다. 부부에게는 별로 나쁜 일이 일어나지 않았지만, 부부가 낳은 자녀와 그 자손들(그 혈통을 이어받은 후손)은 그리스 신화에서도 손꼽히는 끔찍한 비극을 겪었다. 악타이온의 죽음 역시 유명한 사례다.

테세우스

테세우스는 누구인가?

테세우스는 영웅이었고, 고대 아테네를 이끈 군주 가운데 한 명으로 여겨졌다(어쨌든 왕이 되기 전에는 아테네의 왕자였다). 아테네인들은 테세우스를 건국자로 숭배했다. 영화 《신들의 전쟁》을 본 사람들은 테세우스라는 이름이 익숙할 것이다. 다만 이 영화에 나오는 테세우스는 그리스 신화의 테세우스와는 별로 닮은 구석이 없다.

테세우스는 아이게우스의 아들이었는데 포세이돈의 아들이었을 가능성도 적지 않다. 아이게우스는 자식을 갖고 싶어 했지만(그는 아테네 왕이었기에 후계자가 필요했다), 이미 결혼한 두 여인에게서 아이를 얻지 못했다. 이에 아이게우스는 신탁을 받으러 떠났다가 트로이젠이라는 도시에 이른다. 거기서 그는 친구의 딸이자 트로이젠의 공주인 아이트라와 동침했다(그런데 아이트라가 그날 밤에 포세이돈과도 잠자리를 갖는 바람에 친부 정체가 미궁으로 빠진다). 아이게우스는 아테네로 홀로 돌아갔고, 아이트라는 그대로 남아 아들을 낳았다. 그가 테세우스다.

우리가 알아둘 이야기

영웅들이 대개 그렇듯이 테세우스와 관련된 영웅담도 한두 개가 아니다. 그중 가장 유명한 이야기는 크레타섬에서 테세우스가 벌이는 모험이다. 장성한 테세우스는 아테네에 나타나 자신이 아이게우스 왕의 아들, 그러니까 아테네 왕좌를 계승할 후계자라고 주장하는데, 당시 아테네는 오래전부터 크레타로 인해 고통을 받고 있었다. 미노스왕이 아테네를 공격했을 때 아테네는 패전국이 되었다. 아테네는 도시가 완전히 파괴되기 전에 크레타와 조약을 맺고 조공을 바치기로 했다. 7년마다 아테네 젊은이들을 크레타섬에 보내 미궁에 사는 미노타우로스의 제물로 바치겠다는 조건이었다(이 이야기의 출발은 파시파에와 미노스 그리고 미노타우로스 편을 참조하자).

테세우스는 이 관행을 폐지해 더는 아테네의 젊은이들이 제물로 희생되는 일이 없기를 바랐다. 테세우스는 인신 제물이 되기로 자원해서 크레타섬에 들어갈 계획을 세웠다. 아이게우스는 아들의 안위를 염려하며 테세우스가 떠나기 전에 그에게 한 가지 다짐을 받았다. 만약 미노타우로스를 죽이고 무사히 아테네에 생환한다면 돛을 검은색에서 흰색으로 바꾸라는 것이었다. 그렇게 하면 아이게우스 왕은 벼랑 끝에 서서 아들의 귀환을 기다리고 있다가 멀리서 흰 돛만 보고도 테세우스가 무사하다는 사실을 알 수 있으리라는 것이었다(돛의 색깔로 생환을 미리 확인하면 얼마나 마음이 놓이겠는가!). 테세우스는 그렇게 하겠노라 약속하고 크레타섬으로 출항했다.

테세우스는 크레타섬의 크노소스에 당도했을 때 파시파에와 미노스의 딸 아리아드네 공주를 만났다. 테세우스는 아리아드네를 유혹했다. 그녀는 꽃같이 어린 나이였고 이 잘생긴 아테네 왕자와 사랑에 빠졌다고 믿었다(테세우스는 여성 편력이 **심한** 편이었다). 아리아드네는 자신이 사랑한다고 믿는 남자를 돕고 싶었기에 테세우스에게 실뭉치를 주며 미로를 탈출하는 방법에 관해 자신이 아는 정보를 전부 알려주었다. 테세우스는 미로 속에서 자신의 위치를 확인할 수 있도록 실뭉치를 풀며 이동했다. 그렇게 하면 나중에 실을 따라서 들어왔던 경로 그대로 빠져나올 수 있을 것이었다. 그는 미노타우로스를 찾아내고 그 괴물을 처치했다. 테세우스는 아리아드네 덕분에 미노타우로스를 죽이고 미궁에서 빠져나왔으며 크레타섬에서도 탈출할 수 있었다. 테세우스와 아테네의 젊은이들이 배를 타고 크레타섬을 떠날 때 아리아드네도 동행했다.

한편, 아이게우스는 테세우스가 무사히 돌아오지 못할까 봐 걱정하면서 초조하게 아들을 기다렸다. 그는 날이면 날마다 벼랑 끝에 서서 수평선에 흰색 돛들이 떠오르기를 기다렸다. 흰색은 아들이 살아서 집에 돌아온다고 알리는 표식이었다. 어느 날 저 멀리 돛이 떠올랐다. 하지만 그것은 흰색이 아니었다. 아들이 떠날 때와 똑같이 검은 돛이 휘날리고 있었다. 아이게우스는 억장이 무너졌다. 그것은 테세우스가 미노타우로스를 죽이려다가 괴물에게 먹혔다는 뜻이었고, 아들을 태우지 못한 채 배가 돌아오고 있다는 뜻이었다. 비통에 잠긴 아이게우스는 벼랑에서 몸을 던져 바다로 떨어졌다. 이 바다가 아이게우스해, 즉 오늘날의 에게해다.

얼마 후에 테세우스는 안전하게 귀국했다. 돛을 바꿔 달아야 한다는 것을 깜빡했을 뿐이었다.

우리가 몰랐던 이야기

테세우스는 아버지와 재회할 계획으로 트로이젠을 떠나 아테네로 여행하는 과정에서 "도적들"을 자주 마주쳤다. 아테네에 당도했을 즈음에는 꽤 많은 살인자를 처단한 뒤였다. 테세우스가 처단한 도적들은 전해진 바에 따르면 모두가 살인범이었다. 테세우스는 도적들을 처치할 때마다 그들이 남들을 살해할 때 썼던 것과 똑같은 방식으로 그들을 죽였다고 한다. 일례로, 나무 두 그루 사이에 사람을 매달아 놓고 나무를 한껏 구부려서 한쪽 나무에는 사람의 다리를 묶고 다른 쪽 나무에는 그 사람의 팔을 묶은 다음, 팽팽한 줄을 끊어버려서 나무가 다시 제자리를 찾을 때 그 사람의 사지가 찢어져 죽게 만든 방법도 있다.

ꙮ

아마존 여왕

히폴리테

<u>또 다른 이름</u>
히폴리타(Hippolyta, Hippolyte와 철자가 다르다)

대다수 판본에 따르면 테세우스가 아마존 여왕을 만난 것은 **틀림없지만,** 테세우스가 만난 아마존 여왕이 누구인지 그러니까 히폴리테인지 안티오페인지(아니면 전혀 다른 사람일 가능성도 있다!)에 관해서는 이견이 분분하다. 명확히 해두자면 이 책에서는 문제의 아마존 여왕을 히폴리테라고 전제한다.

테세우스는 아마존 여인국 원정에 페이리토스와 함께 했다. 스파르타의 헬레네(그러니까 트로이 전쟁의 원인이 되는 헬레네)를 납치할 때 도와준 친구였으며(레다 편을 참조하자), 지하 세계의 왕비 페르세포네를 납치하려 할 때도 동행한 친구였다. 이때 만용을 부리느라 테세우스와 페이리토스는 지하 세계에 갇혔다가 헤라클레스에 의해 겨우 구조되었다. 테세우스와 페이리토스는 함께 붙어 있으면 **꼭** 사고를 치고 마는 그런 부류였다.

두 사람이 배를 타고 아마존 여인국(데미스키라로 불리기도 한다)에 당도했을 때 그들은 여인들에게 환대를 받았다. 아마존 여인들은 남자들을 두려워하지 않았다. 그들은 용맹한 전사들이었기에 도시를 방문한 남자들을 경계하지 않고 환영했다. 테세우스는 이들의 환영식을 기회로 삼았다. 히폴리테 여왕이 손님을 대접하는 의미로 선물을 주려고 배에 올랐을 때 테세우스는 여왕을 태운 채로 그대로 배를 출항시켜버렸다. 여왕의 호의를 이용해 납치한 것이다. 이때 테세우스에게 겁탈당한 히폴리테는 그의 아들 히폴리토스를 임신했다.

✲

전설적인 아마존 여인국을 다룬 문헌은 비록 거의 없지만 그들의 이야기는 여성 전사들로 구성된 어느 문명(혹은 여러 문명)에 근거한 것으로 그들은 고대 그리스인들과 심심치 않게 전쟁을 치르곤 했다.

히폴리테에 관해 전하는 또 다른 이야기에 따르면, 그녀는 영웅 헤라클레스와 동침할 운명이었다. 헤라클레스의 유명한 12가지 과업 중 하나가 히폴리테의 허리띠를 가져오는 것이었다. 아레스가 히폴리테에게 직접 준 것으로 헤라클레스가 그 허리띠를 차지하려고 갔을 때도 히폴리테는 그것을 자랑스럽게 허리에 차고 있었다. 테세우스 때와 마찬가지로 히폴리테는 헤라클레스를 겁내지 않았고 손님으로 반기며 그 허리띠를 선물로 주었다. 하지만 헤라는 헤라클레스가 과업을 수행하는 동안 온갖 공작을 펼치며 그가 성공하지 못하도록 방해했다. 헤라클레스가 여왕을 납치하려 한다고 헤라가 선동하자 아마존 여전사들이 자신들의 여왕을 구하기 위해 나섰다. 여왕을 구하려고 달려드는 아마존 여전사들을 본 헤라클레스는 그가 받은 친절과 환대를 저버리고 히폴리테를 죽여버렸다. 그리고 달려드는 아마존 여전사들의 공격을 막아내고 히폴리테가 기꺼운 마음으로 선물했던 허리띠를 챙겨서 떠났다. 고대 그리스 영웅들은 대부분 진정한 영웅이 지녀야 할 덕목인 동정심이 턱없이 부족했다.

히폴리테와 아마존 여전사들은 가장 유명한 신화 속의 여성들임에도 이들에 관한 기록은 거의 남아 있지 않다. 아마조노마키(아마존 여전사들과의 전쟁)를 묘사한 미술품으로는 아테네 파르테논 신전 서쪽의 소간벽 부조가 대표적이고 아크로폴리스 박물관에는 그 복제품이 전시되어 있다. 장기간 흥행한 만화 시리즈 《원더우먼》에도 아마존 여전사들과 그들의 왕국인 데미스키라가 등장한다. 최근에는 2017년 DC 영화 《원더우먼》에서 히폴리테와 안티오페가 각각 다이애나의 어머니와 이모로 묘사되었다.

♪

크레타의 공주들, 디오니소스의 여신이자 아내, 테세우스의 아내

아리아드네와 파이드라

또 다른 이름
리베라(아리아드네의 로마식 이름)

크레타의 공주인 아리아드네와 파이드라는 크레타를 다스리는 미노스 왕과 파시파에 왕비 사이에서 태어났으며 무엇보다 미노타우로스의 여동생이었다(정확히는 이부 남매였다). 테세우스가 미노타우로스를 죽이기 위해 크레타섬에 왔을 때 아리아드네는 그에게 한눈에 반했다. 이국 아테네에서 건너온 잘생긴 왕자를 보면 가슴이 설랐다. 테세우스 왕자는 아리아드네의 도움이 절실했고, 그녀는 기꺼이 테세우스를 도왔다. 테세우스가 미노타우로스를 죽일 수 있었던 것은 아리아드네의 도움이 있었기 때문이다. 미궁에서 길잡이 구실을 할 실뭉치는 물론이고 괴물을 죽이는 데 사용할 검을 건넨 이도 아리아드네였을 것이다. 이 같은 도움이 없었더라면 테세우스는 결코 목적을 이루지 못했을 터였다.

미노타우로스를 죽인 테세우스는 크레타섬에서 탈출하기 위해 다시 아리아드네의

도움을 받았다. 그들은 크레타를 떠나 함께 항해하던 중에 낙소스섬에 정박했다. 이후 테세우스는 잠들어 있는 아리아드네를 그대로 남겨둔 채 낙소스섬을 떠났다(테세우스는 몰인정한 짓을 많이도 저질렀다!). 낯선 섬에서 잠을 자다가 깨어보니 아리아드네는 **홀로** 남겨져 있었다. 이부 오빠를 죽이려는 낯선 남자를 발 벗고 나서서 돕고, 그 남자 때문에 자신의 왕국도 배반하고, 심지어 가족까지 모두 버리고 떠나왔는데 말이다. 테세우스 때문에 자신이 어떤 처지에 놓였는지 깨달은 아리아드네는 경악했다. 테세우스가 아리아드네를 버리고 떠난 지 얼마 후에 다행히 디오니소스 신과 그의 여신도들이 섬에 와서 그녀를 구조했다. 술과 여흥의 신 디오니소스는 아리아드네에게 반했고, 그녀도 사랑에 빠졌다. 둘은 곧 결혼해서 아이들을 낳았고 아리아드네는 결국 신으로 승격해 올림포스산에서 디오니소스와 함께 살았다.

낙소스섬에 아리아드네를 버려두고 떠난 테세우스는 훗날 그녀의 동생 파이드라와 결혼했다. 일설에 따르면 테세우스 말년에 이르러 생긴 일이어서 아리아드네가 그리 불쾌한 일로 여기지 않았다고 한다. 테세우스와 파이드라는 결혼을 하고 나서 테세우스가 어려서 지냈던 트로이젠을 함께 방문했다. 거기서 테세우스는 자기 아들인 히폴리토스를 만났다. 아마존 여전사들의 여왕 히폴리테가 낳은 아들로 트로이젠에서 자라 어느덧 근사한 청년으로 장성해 있었다. 히폴리토스는 용모가 수려하고 실력이 뛰어난 운동선수였으며 아프로디테 여신이 아니라 아르테미스 여신을 섬기겠노라고 선택했다.

히폴리토스가 자신을 무시하고 아르테미스를 선택한 일로 아프로디테는 히폴리토스에게 저주를 내렸다. 그런데 그 저주는 히폴리토스가 아니라 테세우스의 아내로부터 효력이 발생했다. 파이드라는 트로이젠에서 히폴리토스를 보고 시선을 빼앗겼다. 단번에 사랑에 빠진 파이드라는 그 마음을 주체하지 못하고 적극적으로 사랑을 고백했다. 히폴리토스가 그녀의 **의붓아들**이라는 사실도 문제였지만, 애초에 히폴리토스는 여자나 사랑 따위에 흥미가 없었다. 아프로디테의 저주로 사랑에 빠진 파이드라는 히폴리토스에게 거절당하자 그만 스스로 목숨을 끊고 말았다. 테세우스는 파이드라의 유서를 보고 화가 나서 히폴리토스를 트로이젠에서 추방했다. 이것이 고대 극작가 에우리피데스의 유명한 비극 가운데 하나인 《히폴리토스》의 이야기다.

헤라클레스

<u>또 다른 이름</u>

헤르쿨레스(로마식 이름)

헤라클레스는 누구인가?

미국인들에게 헤라클레스는 로마식 이름에서 기원한 영어 이름 허큘리스가 더 익숙하다. 헤라클레스는 고대 그리스의 영웅 중에서도 손꼽히는 영웅으로 수많은 그리스 신화에 등장한다. 훗날 로마인들 역시 자신들의 신화에서 헤라클레스를 누구보다 중요한 영웅으로 받아들였고, 로마인들을 통해 로마식 이름 헤르쿨레스가 널리 퍼졌다. 그리스 이름이 본래의 형태에 더 가깝고 시기적으로 더 먼저 나왔지만(심지어 트로이 전쟁이 발발하기 훨씬 전에 그리스인 헤라클레스가 트로이를 침략한 적이 있다고 하니 얼마나 오래되었는가!) 그리스어 문헌 외에는 헤라클레스라는 이름으로 불리는 경우가 별로 없다. 제우스와 인간 여성 알크메네 사이에서 태어난 헤라클레스는 여러 영웅 중에서도 가장 힘이 세고 늠름한 영웅이었다. 헤라가 제우스의 부정과 연관된 이들을 처벌한 사례는 수없이 많은데 그중에서도 헤라클레스를 향한 핍박은 참으로 모질었다. 헤라클레스가 여러 시련을 겪게 된 이유는 다름이 아니라 그가 제우스의 아들이었기 때문이다. 헤라는 제우스가 밖에서 낳은 많은 사생아 중에서도 특히 헤라클레스를 무너뜨리는 데 갖은 애를 썼다.

헤라클레스(혹은 허큘리스)는 대중문화에서도 인기 소재다.《헤라클레스》라는 동명의 디즈니 만화영화와 텔레비전 만화 시리즈뿐 아니라 1995년도 실사판 텔레비전 드라마《헤라클레스: 전설의 여정》에서도 헤라클레스가 주인공이다(헤라클레스와 헤라에 관한 이야기를 알고 보면 훨씬 더 재미있다!). 그뿐 아니라 최근작인《허큘리스》(2014년)와《헤라클레스: 더 레전드 비긴즈》(이 역시 2014년도 작품이다. 헤라클레스에게는 대단한 해였다), 이렇게 두 편의 영화도 이 영웅의 신화를 바탕으로 한다. 방금 언급한 것들은 헤라클레스가 등장한 수많은 작품 가운데 일부에 불과하다. 그리스 영웅들 가운데 허큘리스(헤라클레스가 정확한 표현이겠으나)만큼 영화와 텔레비전 방송에 자주 등장하는 영웅은 없다.

우리가 알아둘 이야기

헤라클레스는 수많은 모험과 전투에 참여했지만(거인 종족 기가스들과 신들이 치른 전쟁인 기간토마키아에서는 신들 편에 서서 거인 종족을 물리쳤고, 지하 세계에 억류된 테세우스를 구해냈으며, 트로이 전쟁이 있기 한 세대 전에 이미 트로이를 침략했다), 가장 유명한 무용담은 에우리스테우스 왕이 시킨 12가지 과업을 완수한 것이다. 12가지 과업을 수행한 이야기의 출발점으로 거슬러 올라가면 거기에는 끔찍한 비극이 있었다. 헤라클레스는 메가라라는 여인과 결혼해(디즈니 영화《헤라클레스》는 그녀의 이름을 줄여서 멕이라 불렀다!) 세 자녀를 두었다. 하지만 헤라 여신이 손을 써서 광기에 사로잡힌 헤라클레스는 자기 손으로 가족을 전부 살해했다. 가족을 모두 잃고서야 정신이 돌아온 헤라클레스는 자신이 저지른 일 때문에 죄책감에 시달렸다. 죄를 정화할 방법을 찾아 델포이의 신탁을 구한 헤라클레스는 미케네 왕 에우리스테우스에게서 속죄할 길을 찾으라는 말을 들었다. 한편, 남편의 사생아인 헤라클레스를 기어코 없애려는 헤라는 에우리스테우스를 조종했다. 헤라의 사주를 받은 에우리스테우스는 헤라클레스에게 12가지 과업을 부여했다. 아무리 영웅이라도 과업 하나하나마다 목숨을 걸어야 하는 것들이었다.

↱ **첫 번째 과업**: 헤라클레스는 네메아의 사자를 죽이라는 지시를 받았다 (티폰과 에키드나 편을 참조하자). 이 사자는 가죽이 워낙 단단해서 어떤 무기로도 몸에 상처를 입힐 수 없었다. 다행히 헤라클레스는 무기를 쓰지 않아도 무지막지한 힘으로 사자를 목 졸라 죽일 수 있었다.

↱ **두 번째 과업**: 레르나의 독사 히드라를 해치우라는 지시를 받았다. 머리가 여럿 달린 괴물 히드라는 머리가 하나 잘리면 다시 두 개의 머리가 돋아났다! 헤라클레스가 머리를 하나 자르니 그 자리에서 도로 두 개씩 머리가 생겼다. 헤라클레스는 결국 머리를 제거하고 나서 그 자리를 불로 지져 머리가 재생되는 것을 막았다.

↱ **세 번째 과업**: 헤라클레스는 아르테미스에게 봉헌된 황금 뿔 사슴을 생포해 오라는 지시를 받았다. 이 과업을 수행하는 데 꼬박 1년이나 걸렸지만 (!) 끝내 성공했다.

↱ **네 번째 과업**: 헤라클레스는 에리만토스 지역에서 수많은 피해를 주는

괴물 멧돼지를 잡아 오라는 지시를 받았다. 헤라클레스는 그 멧돼지를 무사히 포획했다.

→ **다섯 번째 과업**: 헤라클레스는 아우게이아스 왕의 축사를 하루 만에 깨끗이 청소하라는 지시를 받았다(이전과 비교했을 때 색다른 성격의 과업이었다). **오랜 세월** 단 한 번도 청소한 적이 없어 더럽기 짝이 없는 축사를 청소하기 위해 헤라클레스는 두 개의 강물 방향을 틀어 축사 쪽으로 흘려보냈다. 홍수처럼 밀려든 엄청난 물에 축사는 깨끗이 청소되었다.

→ **여섯 번째 과업**: 헤라클레스는 스팀팔로스 호수 근처에서 심각한 문제를 일으키던 새 떼를 몰아내야 했다. 아테나 여신이 헤라클레스를 도왔다.

→ **일곱 번째 과업**: 크레타섬의 황소를 생포하라는 지시를 받았다(파시파에와 미노스 편을 참조하자). 헤라클레스는 이 황소를 생포하는 데 성공해 에우리스테우스 앞에 끌고 갔고, 이후 마라톤 평원에서 이 황소를 풀어주었다. 이로 인해 마라톤의 황소로 알려진 이 황소는 훗날 테세우스의 손에 잡혔다.

→ **여덟 번째 과업**: 헤라클레스는 디오메데스의 식인 말들을 사로잡아야 했다. 이 일은 간단히 해결됐다. 디오메데스를 죽이고 말들을 사로잡았다.

→ **아홉 번째 과업**: 헤라클레스는 아마존 여전사들의 여왕 히폴리테의 허리띠를 가져오라는 지시를 받았다.

→ **열 번째 과업**: 몸통이 셋이나 달린 괴물 게리온이 소유한 소 떼를 훔쳐 오라는 지시를 받았다.

→ **열한 번째 과업**: 특히 까다로운 과업이었다. 에우리스테우스는 헤스페리데스의 황금 사과를 가져오라고 지시했지만, 헤라클레스는 그 사과가 어디

에 있는지조차 알지 못했다. 헤라클레스는 황금 사과를 찾아 헤매다가 드디어 티탄 신족 아틀라스를 만났다(하늘을 어깨로 떠받치고 있는 거인으로 잘 알려져 있는데 미술 작품들을 보면 대개는 지구를 떠받치고 있는 모습으로 표현한다). 헤스페리데스의 아버지인 아틀라스는 헤라클레스가 황금 사과를 손에 넣도록 도왔다.

⤻ **열두 번째**(마지막!) **과업**: 지하 세계에서 케르베로스를 생포해 오라는 지시를 받았고, 헤라클레스는 그곳에서 테세우스도 구출했다.

헤라클레스는 열두 가지 과업을 완수했지만, 마음의 평안을 얻거나 휴식을 찾지 못했다. 이후에도 그는 여러 위업을 이루어 나가며 여생을 보내다 죽었다. 사후에 헤라클레스는 신으로 승격해 올림포스산에 올라가 거기서 헤라와 제우스의 딸이자 젊은이의 신 헤베와 결혼했다.

우리가 몰랐던 이야기

헤라클레스는 게리온의 소들을 훔치기 위해 머나먼 거리를 이동해야 했다. 과업을 성공적으로 마치고 난 후에 그는 그 길목에 기념비를 세웠다. 이것이 지브롤터 해협에 세워졌다는 헤라클레스의 기둥이다. 이설에 따르면 아틀라스가 하늘을 지탱하는 것을 돕고자 헤라클레스가 세웠다고도 한다!

영웅, 제우스의 아들

페르세우스

페르세우스는 누구인가?

페르세우스는 그리스 신화에 나오는 유명한 영웅 가운데 한 명이었다. 그리스 신화를 소재로 하는 여러 대중문화 작품에서 페르세우스를 다루지만 그에 관해 좀처럼 언급하지 않는 이야기가 하나 있다. 바로 페르세우스의 어머니가 그를 잉태하게 된 사건이다. 이 사건은 그리스 신화를 통틀어서 가장 경이롭고 흥미롭다. 제우스는 **황금 소나기**로 변신해 다나에 공주의 몸을 적셨다. 그뿐이었다. 그리고 다나에는 페르세우스를 잉태하게 된다.

다나에의 아버지 아크리시오스는 딸을 진즉에 감금했다. 장차 다나에의 아들이 아크리시오스를 권좌에서 끌어내릴 것이라는 신탁을 들은 아버지는 그 예언이 실현되지 못하게 막으려고 딸이 어떤 남자와도 만나지 못하도록 아예 가둔 것이었다. 하지만 제우스(영원한 사고뭉치)는 늘 그랬듯이 어떻게든 다나에를 차지하고픈 **욕정**이 일었고 (그녀도 같은 마음이었을 가능성은 거의 없다) 그래서 앞서 언급한 것처럼 황금 소나기로 변신해 그녀에게 다가갔다.

다나에와 페르세우스는 아크리시오스의 손아귀에서 결국 벗어났지만, 그것으로 문제가 해결되지는 않았다. 엄마와 아들은 폴리덱테스 왕이 다스리는 나라에 이르렀고, 폴리덱테스는 다나에와 결혼하고 싶어 했다. 다나에 입장에서 폴리덱테스는 제우스보다 훨씬 더 골치 아픈 존재였다(황금 소나기로 변신했던 제우스와 달리 흥미로운 구석도 없었다!). 폴리덱테스가 다나에를 차지하기 위해 아들인 페르세우스를 제거하려고 흉계를 꾸민 것은 이야기의 재미만 놓고 보면 다행한 일이었다. 그 덕분에 페르세우스는 엄청난 영웅담의 주인공이 되었으니 말이다.

1981년도 영화 《타이탄》이나 동명의 리메이크 작품 혹은 퍼시 잭슨의 책들을 통해 페르세우스를 접한 이들이 많을 것이다. 이들 작품에서는 젊은 페르세우스가 주인공이다(다만 제우스가 아닌 포세이돈의 아들로 등장한다).

우리가 알아둘 이야기

폴리덱테스는 다나에와 결혼하고 싶었지만, 페르세우스가 검은 속셈을 알아차리고 어머니를 설득해 퇴짜 놓게 했다. 폴리덱테스는 걸림돌인 페르세우스를 죽이기 위해 고르곤 자매 중 하나인 메두사의 머리를 가져오라고 지시한다(고르곤은 세 자매로 불가사의하고 괴기스럽게 생겼다). 이것은 위험천만한 일이었다. 메두사는 호기심 많은 인간을 피해 꼭꼭 숨어 지낼 뿐 아니라 머리에는 머리카락 대신 뱀들이 달려 있으며, 눈길만 한 번 마주쳐도 사람들을 돌로 만들어버렸다. 폴리덱테스는 페르세우스가 살아서 돌아오지 못할 테고, 그러면 자유롭게 다나에를 손에 넣을 수 있으리라 확신했다.

페르세우스에게는 다행스럽게도 아테나 여신이 도움의 손길을 내밀었다(아테나는 언제나 영웅들의 조력자가 되고 싶어 했다). 아테나는 메두사를 찾아내고 그 머리를 획득하는 데 필요한 정보를 제공했다. 우선 정확히 어디로 찾아가야 하는지 설명했다. 눈 하나와 이빨 하나를 돌려가며 쓰는 몹시 추레한 세 명의 노파, 그러니까 그라이아이를 찾아가야 한다고 했다. 그 노파들이 헤스페리데스 정원으로 가는 길을 알고 있었기 때문이다. 그 정원에 가야 메두사를 처치하는 데 필요한 무기들을 손에 넣을 수 있었다. 그라이아이가 순순히 협력하지 않자 페르세우스는 그들의 하나뿐인 눈과 이빨을 볼모로 삼아 헤스페리데스의 위치를 알아냈다.

페르세우스는 황금 사과가 자라는 정원에 도착해 무기를 얻었다. 메두사의 머리를 넣을 자루와 제우스의 검, 그리고 아테나의 방패였다. 메두사를 찾아간 페르세우스는 방패를 거울처럼 사용해 메두사의 눈길을 피하면서 메두사의 위치를 파악했고, 어렵지 않게 그 가여운(괴기스러울지는 모르나) 여인을 죽인 뒤 폴리덱테스 왕에게 가져가기 위해 머리를 잘랐다. 페르세우스가 메두사의 머리를 잘랐더니 그 잘린 목에서 크리사오르라는 청년과 하늘을 나는 유명한 말 페가수스가 튀어나왔다. 여러 대중매체에서 알려진 것과는 달리 페르세우스는 페가수스를 타고 다니지 않았다. 다만 페가수스가 세상에 나오는 모습을 목격한 것은 맞다.

하늘을 나는 말 중에 페가수스라는 이름을 지닌 말은 **하나**뿐이다. 페가수스 혹은 페가시는 하늘을 나는 말들을 가리키는 일반 명사가 아니다. 그리스 신화에는 하늘을 나는 말이 많이 등장하는데 이 중에 한 마리만이 페가수스라 불린다.

페르세우스는 폴리덱테스에게 돌아가는 길에 아프리카의 에티오피아를 지났는데, 거기서 안드로메다 공주를 만났다. 그녀는 어머니의 죗값을 대신 치르기 위해 바다 괴물(그리스 신화에서 이 괴물의 이름은 크라켄이 **아니다.** 그것은 북유럽 신화다)의 제물로 바쳐진 상태였다. 그녀의 어머니 카시오페이아가 여신보다 자신의 딸이 더 아름답다고 자랑하는 불경죄를 저질렀기 때문이다(이는 그리스 신화에서 반복되는 주제다. 자기 자신이든 누구든 간에 인간을 우위에 두고 신과 비교하는 일은 **절대로** 해서는 안 될 일이었다). 안드로메다는 쇠사슬에 묶여 바위에 결박된 채 괴물이 나타나기를 기다리고 있었다. 페르세우스는 메두사를 처치했던 것처럼 바다 괴물을 무찌르고 결박에서 풀려난 안드로메다와 결혼했다.

페르세우스와 안드로메다는 함께 폴리덱테스 왕에게 돌아갔고, 페르세우스는 그에게 메두사의 머리를 건넸다. 페르세우스가 예상한 대로 폴리덱테스 왕은 메두사의 머리를 보는 순간 돌로 변했고, 페르세우스와 그의 어머니 다나에는 완전한 자유를 얻었다.

우리가 몰랐던 이야기

디즈니 영화 《헤라클레스》에서는 헤라클레스가 페가수스를 타고 다녔고, 영화 《타이탄》에서는 페르세우스가 페가수스를 타고 다녔지만, 사실 페가수스를 타고 다닌 영웅은 벨레로폰이 유일했다. 페가수스와 벨레로폰은 함께 키마이라를 처단한 것으로 유명한데 괴물 키마이라는 몸통에 염소 머리가 튀어나와 있고 꼬리에는 뱀이 달린 사자였다.

꒲

고르곤

메두사

또 다른 이름
메두사(Medousa, Medusa와 철자가 다르다)

메두사는 고르곤 세 자매 중 하나였다. 나머지 두 명은 스텐노와 에우리알레였다. 세 자매는 바다 괴물 케토와 해신 포르키스 사이에서 태어난 딸들이지만 자매 중에 메두사만은 불로불사의 몸이 아니었다. 고대 그리스 신화에서 말하는 메두사는 대체로 괴물 부부 사이에서 태어난 괴물로 묘사되었지만 그렇지 않은 경우도 있다. 메두사 신화는 로마 시대에 들어와 이야기가 조금씩 달라졌다. 고르곤 자매는 온몸이 뱀으로 덮여 있고, 거대하고 흉측한 이빨을 지녔으며 날개가 달린 괴물로 묘사될 때가 많았다. 고르곤 자매는 그라이아이 자매와 이웃하며 살았으며 그라이아이 역시 무시무시하게 생긴 괴물로 포르키스의 딸들이었다.

후대의 신화에서 묘사하는 메두사는 초기 신화의 메두사와는 딴판이었다. 머리카락이 뱀으로 되어 있고 그녀와 눈을 마주친 순간 돌로 변하게 만드는 힘을 지닌 건 변함이 없었지만, 괴물보다는 인간에 더 가까웠다. 나중에는 이런저런 이야기가 덧붙었고 메두사가 태어날 때부터 끔찍한 괴물이 아니라 신의 저주를 받아 변한 것이라는 해석이 등장했다. 로마의 시인 오비디우스가 쓴 메두사 신화는 고전 신화 중에서도 손꼽히는 비극이다. 오비디우스에 따르면 메두사는 원래 아테나의 여사제였고 빛나고 풍성한 머리칼을 자랑하는 미녀였다. 메두사가 아테나 신전에서 여신을 봉양하던 어느 날,

포세이돈이 그녀를 보고 한눈에 반해버렸다. 동생 제우스 못지않은 호색한으로 원하는 여자는 어떻게든 차지하려는 포세이돈은 메두사를 겁탈했다. 처녀 여신 아테나는 다른 곳도 아닌 자신의 신전에서 이런 일이 벌어졌다는 사실에 몹시 분노했다.

아테나는 자기보다 서열이 더 높고 힘도 더 센 포세이돈을 벌할 수 없었기에 메두사를 징벌했다. 아름다운 머리칼은 죄다 끔찍한 뱀들로 둔갑시키고, 메두사와 눈을 마주친 사람들은 즉시 돌로 변하게 하는 저주를 내렸다. 이 이야기대로라면 메두사를 죽인 페르세우스의 영웅담은 마음 아픈 이야기가 아닐 수 없다. 무시무시한 괴물을 죽인 게 아니라 신이 저지른 범죄의 피해자였던 여인을 죽였으니까 말이다. 메두사가 죽고 나서 세상에 나온 크리사오르와 페가수스는 포세이돈에게 강간을 당해 낳은 자식들이었다는 얘기다. 포세이돈은 말의 신이기도 했다. 페르세우스가 무기로 사용했던 메두사의 머리는 이후 아테나의 방패에 장착되면서 아테나 여신을 대표하는 상징물 가운데 하나가 되었다.

아테나가 메두사에게 내린 것은 징벌이 아니라 메두사가 더는 상처를 받지 않도록 예방하는 조치였다고 해석하는 이들도 있다. 아테나가 메두사를 그렇게 변신시킨 이후 짐승 같은 사내들이나 신들의 관심을 끌 일이 없어졌고 돌로 변하게 할 수도 있었으니 자신을 방어할 능력도 갖추게 되었다는 것이다. 어쨌든 오비디우스가 들려주는 뜻밖의 이야기는 다른 판본들과 비교해 메두사에게 훨씬 동정 어린 시각을 보여준다. 메두사가 가엾은 피해자라고 새로운 해석을 제시한 사람이라고 하면 오비디우스를 가장 먼저 떠올린다. 하지만 위로 거슬러 올라가면 포세이돈이 메두사를 겁탈했다고 언급한 고대 그리스의 작가 헤시오도스가 있다. 오비디우스가 세세하게 묘사한 메두사 이야기는 이 해석의 연장선에 있다.

고르곤의 이미지, 특히 메두사의 머리는 고대 그리스와 로마에서 방어라든지 보호의 의미로 사용되었다. 특히 시칠리아에서는 옛날부터 고르곤이 중요한 의미를 지녔기 때문에 현재도 고르곤 이미지가 국기를 장식하고 있다.

영웅이자 이올코스의 왕자

이아손

또 다른 이름

이아손(Iason, Jason과 철자가 다르다)

이아손은 누구인가?

이아손이라고 하면 그가 탔던 배, 그가 떠났던 모험, 그리고 그가 결혼한 여인이 먼저 떠오르는 유명한 영웅이다. 그는 **아르고호**의 선장으로서 아르고호 원정대를 이끌고 황금 양털을 찾아 모험에 나섰다. 아르고호 원정대에는 여걸 아탈란타와 쌍둥이 형제 카스토르와 폴리데우케스(레다 편을 참조하자), 오르페우스(오르페우스와 에우리디케 편을 참조하자), 테세우스, 헤라클레스도 있었다. 원정대에 함께한 이들의 면면을 보면 이 아손보다 더 유명한 이들이 많았고, 어쩌면 이아손보다 그와 결혼한 마녀 메데이아가 더 유명했다. 1963년도 영화 《아르고 황금 대탐험》은 이아손과 메데이아, 그리고 아 르고호 원정대 이야기를 다루었다. 이 영화를 본 사람이라면 아마도 스톱모션으로 촬영한 해골 병사들이 영웅들과 싸우는 장면이 가장 먼저 떠오를 것이다.

신화에서 이아손은 이올코스의 적법한 왕위 계승자였지만 그의 부친이 친형제이자 이아손의 숙부인 펠리아스에게 왕권을 빼앗겼다. 어린 이아손은 몰래 빼돌려져 화를 모면했으며 장성한 후에야 고국에 돌아오는데 오는 길에 샌들을 한 짝 잃어버렸다. 펠리아스는 과거에 샌들을 한 짝만 신은 사내에게 죽임을 당하리라는 예언을 들었던 터라 돌아온 이아손을 경계했고, 이아손을 제거할 요량으로 저 유명한 황금 양털을 구해 오라는 임무를 맡김으로써 그를 곧바로 사지로 내몰았다.

우리가 알아둘 이야기

왕권을 찬탈한 이올코스의 왕 펠리아스가 머나먼 콜키스 지역(오늘날 흑해 인근에 있는 나라 그루지야에 해당)에서 유명한 황금 양털을 가져오라는 임무를 이아손에게 맡겼다. 펠리아스 왕은 이 과업을 완수하는 것이 불가능에 가깝기에 이아손이 살아서 귀환하지 못하리라는 계산이었지만, 이아손은 엄청난 모험을 완수하고픈 열의에 불타올라 이 제안을 받아들였다. 이아손은 그리스 전역에 격문을 띄워 그와 함께 항해를 떠날 지극히 용맹한 영웅들을 불러 모았다. 내로라하는 영웅들이 각지에서 몰려왔고, 그렇게 모인 무리가 동쪽으로 항해를 떠났다.

아르고호 원정대는 제일 먼저 렘노스섬에 정박했고 거기서 여자들만 사는 도시를 발견했다. 렘노스섬 여자들이 남자들에게 항거해 그들을 모조리 살해했다는 것도 곧 알게 되었다. 남자가 없는 섬에서 여자들은 평화롭게 살았다. 아르고호 원정대는 처음에 이 여자들을 경계했지만, 여자들은 원정대가 다시 모험을 재개할 때까지 좋은 음식과 숙소로 원정대를 환대했다. 항해는 계속 이어졌다. 다음번 육지에 정박해서는 헤라클레스와 그가 사랑하는 친구이며 연인인 힐라스가 원정대에서 이탈하는 일이 벌어졌다. 힐라스가 님프들에게 붙잡혀갔기 때문이다. 헤라클레스는 힐라스를 찾는 일을 중단할 수 없었고 아르고호 원정대는 그들을 남겨둔 채 항해를 이어갔다.

여러 괴물을 물리치고 숱한 난관을 극복해낸 이아손과 아르고 원정대는 마침내 황금 양털을 찾을 수 있는 목적지인 콜키스에 도착했다. 원정대는 아이에테스 왕을 알현했고, 왕은 그의 딸 메데이아를 소개한 뒤 원정대에게 그곳에 온 이유를 물었다. 아이에테스는 원정대가 무엇을 찾고자 그곳에 왔는지 듣고 나서 화가 치밀었지만, 이미 그들을 손님 자격으로 궁에 들인 뒤였기에 이를 내색하지 않았다. 그 대신 죽을 것이 뻔히 보이는 임무를 내려 이아손을 제거하려고 마음을 먹었다.

❧

크세니아(xenia)는 고대 그리스인들이 매우 중요하게 지키는 관습이었다. 크세니아는 주인과 손님 간에 이루어지는 접대의 관습으로 반드시 지켜야 하는 신성한 원칙이었다. 주인으로서 손님을 맞이했든 아니면 손님으로서 누군가에게 접대받았든 간에 서로 해를 가하는 일은 금물이었다. 이를 어기는 사람은 신에게 끔찍한 벌을 받는 것으로 여겨졌다.

아이에테스는 이아손에게 위험하기 짝이 없는 임무를 부여해 죽이려고 했지만, 곁에서 돕는 이가 있어서 이아손은 다행히 죽음을 면했다. 아이에테스의 딸 메데이아가 사랑의 마법에 걸려 이아손에게 정신을 빼긴 나머지 온 힘을 다해 이아손을 도운 것이었다. 아이에테스가 부여한 시험은 산 넘어 산이었지만 메데이아(그녀의 기지와 마법을 부리는 능력) 덕분에 이아손은 차례차례 시험을 완수했다.

이아손과 아르고호 원정대는 아이에테스에게서 끝내 황금 양털을 빼앗았고 콜키스를 벗어날 때도 메데이아의 결정적 도움으로 문제를 해결할 수 있었다. 원정대와 동행한 메데이아는 동생 압시르토스를 함께 데려갔는데 거기에는 이유가 있었다. 그녀의 아버지가 배를 타고 **아르고호**를 추격해 올 때 그의 주의를 분산시킬 의도였다. 아버지가 지켜보는 가운데 메데이아는 아르고호 위에서 동생을 죽이고, 그의 시신을 조각조각 내어 천천히 바다에 하나씩 던졌다. 이것을 본 아이에테스는 추격을 중단하고 아들의 시신을 차례로 수습할 수밖에 없었다. 그렇게 **아르고호**는 추격을 따돌리고 유유히 빠져나갔다. 이아손과 메데이아의 나머지 이야기는 메데이아 편에서 살펴보자.

우리가 몰랐던 이야기

이아손은 이름난 영웅임에도 영웅다운 활약상이 그리 눈에 띄지는 않는다. 아르고호 대원들이 없었다면 콜키스까지 항해하지 못했을 것이고, 메데이아가 없었다면 황금 양털을 획득해 이올코스로 돌아가는 것은 고사하고 아이에테스가 내준 과제를 수행하다가 목숨을 잃었을 것이다.

메데이아

메데이아는 누구인가?

메데이아는 아이에테스의 딸이었고 아이에테스는 티탄 신족 헬리오스의 아들이자 키르케의 남동생이다. 메데이아의 어머니가 누구인지는 분명하지 않지만, 적어도 일설에 따르면 마법의 여신 헤카테의 딸이라고 한다. 메데이아의 어머니가 누구였든 메데이아는 마법과 주술에 능통한 가문 출신이었다. 메데이아는 콜키스에서 자랐고 아버지인 아이에테스 왕은 이 나라를 다스리는 독재자였다.

메데이아는(여러 고대 작가들과 시인들의 작품에 등장했지만) 고대 그리스의 비극작가 에우리피데스의 동명 작품으로 널리 알려졌다. 이 비극은 오늘날에도 다양하게 각색되어 공연되고 있다. 메데이아라고 하면 광기와 살인을 대변하는 인물이 되었지만, 그녀의 이야기가 그렇게 단순하지만은 않다. 메데이아는 그리스 신화에서 가장 복잡하고 미묘한 캐릭터로 꼽힌다. 남성들의 이야기가 지배하던 시대에 에우리피데스가 묘사한 메데이아는 강력한 흡인력이 있으며 결함을 지녔음에도 누구보다 연민을 불러일으키는 매력적인 여성이다.

우리가 알아둘 이야기

자신의 동생 압시르토스를 죽여 아이에테스의 추격을 따돌리고 콜키스를 벗어난 메데이아는 이아손과 함께 그의 고국 이올코스에 당도했다(이 이야기는 이아손 편을 참조하자). 거기서 두 사람은 황금 양털을 가져올 것을 지시했던 펠리아스 왕을 알현했다. 이후에 이아손은 펠리아스 왕 때문에 자신의 부친이 스스로 목숨을 끊었다는 사실을 알게 되었다.

이아손은 원통하고 분했지만, 누구에게 도움을 청하면 한을 풀 수 있을지 알고 있었다. 지금까지 그가 곤란할 때마다 메데이아가 문제를 해결해주었기에 이 문제도 그녀라면 바로잡을 수 있으리라 확신했다(메데이아가 없었으면 이아손은 **아무것도** 하지 못했을 것이다). 메데이아에게는 완벽한 계획이 있었다. 특별한 의식을 거쳐 펠리아스 왕에게 마법을 쓰면 왕을 더 젊고 건강하게 만들 수 있다고 메데이아가 꼬드기자 펠리아스의 딸들은 그렇게만 된다면 더 바랄 게 없다며 뛸 듯이 기뻐했다. 하지만 그 의식은 펠리아스를 회춘하게 만든 게 아니라 유혈이 낭자하고 처참하게 딸들이 아버지를 살해하는 결과를 낳았다. 이아손도 이토록 악랄한 일을 벌일 줄은 상상하지 못했겠지만 어쨌든 그 계획은 성공했다! 하지만 왕이 죽고 나서 두 사람은 이올코스에서 도망치지 않을 수 없었고, 코린토스에 정착하게 되었다.

메데이아와 이아손은 코린토스에서 두 아들을 낳고 키우면서 꽤 오랫동안 행복하게 지낸 것으로 보인다. 하지만 이아손은 메데이아에게 싫증이 났고, 두 아들이 아직 어렸을 때 코린토스 공주와 결혼하겠다고 선언했다. 이아손은 그리스 세계에서 더 힘 있는 강자가 되고 싶었다. 이아손의 폭탄선언에 메데이아는 모든 것이 무너졌을 것이다. 메데이아는 이혼 절차도 없이 버림받았고, 자신과 아이들의 목숨을 부지하기 위해 자비를 구걸해야 했다.

분노에 찬 메데이아는 이아손이 결혼하려는 코린토스 공주의 목숨이 무사하지 못하리라고 위협했다. 이를 전해 들은 코린토스 왕은 메데이아를 추방하겠노라고 위협했다. 추방은 이아손에게 당한 배신보다 훨씬 가혹한 시련이 될 것이었다(남편이나 아버지가 없는 여자들은 아무 힘이 없었다. 더욱이 추방당한 여자라면 그 삶은 **절망**뿐일 터였다).

메데이아에게 추방 명령은 최후의 결정타였다. 그녀는 자신이 이아손에게 베풀었던 모든 것을 떠올렸다. 그녀는 가족을 버렸고, 이아손을 위해 사람들을 죽였다. 심지어 동생도 죽였다. 그 모든 게 이아손에게는 별 게 아닌 듯했다. 이아손은 자기 자신밖에 몰랐다. 메데이아는 코린토스 공주를 협박했던 일을 깊이 뉘우치는 척하며 개과천선할 기회를 달라고 간청했다. 메데이아는 자신이 코린토스에서 계속 살아도 아무 위험이 되지 않는다는 사실을 보여주려고 아이들의 새어머니가 될 공주에게 자식들을 보내 인사시켰다. 그리고 예식에 쓸 왕관과 예복을 함께 선물로 딸려 보냈다. 공주가 선물로 받은 예복을 입자 몸에 불이 붙고 피부가 타들어 갔다. 딸을 구하려고 달려온 왕도 함께 산 채로 불탔다. 이아손의 예비 신부와 예비 장인은 그렇게 함께 죽음을 맞았다.

메데이아가 저지른 일에 소름이 끼치고 격분한 이아손이 메데이아를 찾았고, 메데이아는 이아손을 보고 두 아들도 죽었노라고 말했다. 앞으로 살아봤자 굶어 죽기 십상이니 그와 같은 고통을 겪게 하느니 차라리 자기 손으로 목숨을 거두었다는 것이다.

우리가 몰랐던 이야기

메데이아는 콜키스 출신이었기에 그리스인이 아닌 이방인 취급을 받았다. 고대 세계
에도 외국인 혐오가 있었으며 그리스인들은 다른 나라에서 온 사람들 그리고 모국어
가 그리스어가 아닌 사람들을 경계하곤 했다. 이아손과 코린토스 사람들에게 메데이
아가 괄시받은 데에는 그녀가 이방인이라는 배경이 크게 작용했다(만약 그녀가 그리스
인이었다면 둘은 적법하게 결혼했을 테니 이아손이 그렇게 간단히 아내를 내치지 못했을 것이
고, 메데이아가 그렇게까지 절망할 일도 없었을 것이다).

영웅, 테베의 건국자, 페니키아의 왕자

카드모스

또 다른 이름

카드모스(Kadmos, Cadmus와 철자가 다르다)

카드모스는 누구인가?

카드모스는 페니키아 도시 티레의 왕자였다. 제우스가 황소로 변신해 납치한 아가씨 에우로페의 오빠이기도 했다. 카드모스와 그의 아내 하르모니아는 고대 그리스의 도시 테베를 세웠다. 카드모스의 후손은 카드메이아 사람으로 불리며 여러 유명한 그리스 신화에 자주 등장한다(세멜레, 디오니소스, 악타이온, 오이디푸스 편을 참조하자).

  카드모스와 하르모니아는 대중매체에 거의 등장하지 않는다. 하지만 로베르토 칼라소가 이 부부의 이름을 따서 《카드모스와 하르모니아의 결혼》이라는 아름다운 그리스 신화 소설을 썼다.

우리가 알아둘 이야기

에우로페가 제우스에게 납치되었을 때 카드모스는 페니키아 고향 집으로 여동생을 찾아오겠다면서 길을 나섰다. 기약도 없이 여기저기 헤매면서 우연히 여동생을 찾는 요행을 바랄 만큼 카드모스는 어리석은 인물이 아니었다. 어떻게 하면 에우로페를 찾을 수 있을지 조언을 얻기 위해 카드모스는 델포이 신전을 찾았다. 하지만 여동생을 찾으려 애쓸 필요가 없다는 신탁이 나왔다. 여동생을 납치한 범인은 사람이 아니라 제우스 신이기에 찾으려 해봐야 소용없다는 것이었다. 설령 에우로페가 어디 있는지 알게 되더라도 제우스에게서 그녀를 데려오지는 못할 것이었다. 신탁에 따르면 카드모스가 할 일은 여동생을 찾는 일이 아니라 그리스 본토(보이오티아)에 위대한 도시국가를 건설하는 것이었다. 델포이 신전을 떠난 직후에 암소 한 마리를 만날 것이고 그 암소를 따라가다 보면 장차 어디에 도시를 세워야 할지 알 것이라는 신탁이 이어졌다. 암소가 쓰러져 눕는 곳에 도시를 세우라는 것이었다.

카드모스가 신탁을 듣고 그 지시대로 암소를 따라갔더니 과연 암소가 지쳐서 쓰러졌다. 그 자리가 바로 장차 고대 도시 테베가 세워질 자리였다(카드모스가 도시 이름을 테베로 지은 까닭은 동명의 이집트 도시를 기리기 위해서였다고 한다). 그곳에서 카드모스는 지역의 샘물을 수호하는 용을 만났다. 그 용은 샘의 이름을 따서 이스메니오스 용이라 불렸다. 카드모스는 용을 죽이고 나서 아테나 여신의 조언에 따라(아테나는 영웅들이 곤경에 처할 때면 기꺼이 나서서 문제를 해결할 수 있게 돕곤 했다) 용의 이빨을 뽑아 파종하듯 그것들을 땅에 심었다. 그러자 땅에서 스파르토이라 불리는 장성한 남자들이 튀어나왔다(그리스 신화에서는 땅에서 솟아난 사람들을 **아우토크토네스**라 불렀다. 이주민이나 식민지 개척자들이 아닌 토박이라는 뜻이다). 스파르토이들은 태어나자마자 서로 싸우더니 다섯 명만 살아남았다. 이렇게 남은 다섯 명이 카드모스와 함께 새로운 도시 테베의 첫 시민들이 되었고, 이들의 후손이 지금의 테베 사람들이 되었다고 한다.

　이어서 카드모스는 하르모니아 여신과 결혼했다(필멸의 존재인 인간이 여신과 결혼하는 것은 드문 일이다!). 하르모니아는 미의 여신이자 사랑의 여신인 아프로디테와 전쟁의 신인 아레스 사이에서 태어난 딸이었다. 부모를 그대로 빼닮은 하르모니아는 아름답고 강했다. 카드모스와 더불어 테베를 다스렸으며 자손에게 양위하기까지 굳건하게 왕위를 지켰다. 그들의 결혼식에는 모든 신이 참석했다(이 역시 **아주** 드문 일이었다. 신들이 모두 참석한 또 다른 결혼식에 관해서는 파리스 편을 참조하자). 하르모니아는 양아버지 헤파이스토스에게서 목걸이를 선물 받았다. 아내인 아프로디테가 아레스와 끊임없이 부정을 저지르며 혼외 자식을 낳은 것에 헤파이스토스가 시기하고 분노했기 때문일 테지만, 그 목걸이에는 저주가 서려 있었다. 그 저주는 카드모스와 하르모니아 부부에게는 아무 영향을 미치지 않았지만, 그들의 자녀와 자손들에게는 큰 비극을 초래했다.

　훗날 카드모스와 하르모니아는 테베를 떠나 각지를 떠돌다가 일리리아에 정착했다. 그곳에서 부부는 신들에 의해 뱀으로 변신했다. 언뜻 보면 신들에게 벌을 받아 뱀으로 변한 것 같지만 그게 아니었다. 가문에 내려진 저주로 연이어 불행을 당하는 자손들을 보며 고통받지 말고 여생을 평안하게 지내도록 신들이 은혜를 베푼 것이었다.

우리가 몰랐던 이야기

카드모스 신화에 따르면 페니키아의 알파벳을 그리스 세계에 전한 사람은 카드모스였다. 대부분의 그리스 신화는 카드모스를 고대 그리스 알파벳의 아버지로 언급한다. 역사적으로 페니키아인들은 북아프리카 지역에 여러 도시를 건설했으며 이때 세운 도시 하나가 훗날 카르타고로 발전했다. 카르타고는 고대 로마의 가장 큰 숙적이었고, 로마의 건국 설화 《아이네이스》에도 등장한다.

아탈란테

아탈란테는 누구인가?

아탈란테는 고대 그리스에서 여성으로서는 유일하게 **공식적으로** 인정받은 영웅이었다. 이 말인즉 페르세우스와 헤라클레스 같은 이들을 영웅으로 분류한 기준에 합당한 유일한 여성이었다는 뜻이다. 물론, 그리스 신화에는 아탈란테 말고도 강하고, 자주적이고, 용감한 여성들이 있었지만, 영웅으로 불려도 마땅한 여성은 아탈란테뿐이었다.

아탈란테는 판본에 따라 아르카디아 출신이라고도 하고 보이오티아 출신이라고도 하며 부모 역시 각각 다르다. 일부 설화에 따르면, 아탈란테라는 여인은 두 명이고 두 사람은 평생에 걸쳐 쌓은 업적도 거의 차이가 없었다고 한다. 하지만 그보다는 두 지역 사람들이 아탈란테를 자신들의 영웅으로 주장하고 싶어서 각기 판본을 만들어냈을 가능성이 더 크다.

아탈란테가 어디서 태어났고 그녀의 부모가 누구였는지는 모르지만, 설화에 따르면 그녀의 아버지는 아들이 아니고 딸이 태어난 사실에 몹시 실망했다고 한다. 너무 실망한 나머지 그녀의 아버지는 아기를 산에 내다 버렸다. 하지만 아기는 숨이 끊어지지 않았고 마침 곰이 아기를 발견해 자기 새끼인 양 길렀다. 어려서부터 파란만장한 삶을 살았던 아탈란테는 용맹하고 강인한 사람으로 성장했고, 활과 화살을 비롯해 각종 무기를 능숙하게 다룰 줄 알았다.

❧

갓난아기를 밖에 내다 버려 죽도록 놔두는 풍습은 그리스 신화에 흔하게 나온다(오이디푸스와 파리스도 갓난아기일 때 버려졌다). 부모가 원치 않은 아기(혹은 불길한 신탁이 내려진 아기)는 대개는 거친 비바람을 맞거나 야생동물에게 죽임을 당하도록 산에 버려졌다. 하지만 그렇게 버려진 아기가 이야기 속에서 목숨을 잃은 적은 한 번도 없었다. 오히려 그 경험은 인물이 강력한 힘을 키우는 수단으로 쓰이거나 극의 후반부에 사용할 출생의 비밀을 감추기 위한 장치로 쓰였다.

우리가 알아둘 이야기

아탈란테라고 하면 악명 높은 칼리돈의 멧돼지를 처치할 때 활약한 이야기가 가장 유명하다. 칼리돈의 멧돼지는 아르테미스가 자신에게 합당한 예를 올리지 않은 칼리돈 왕을 벌하기 위해 보낸 괴물이었다. 이 멧돼지는 소들을 죽이고 왕국을 쑥대밭으로 만들었으며 멧돼지를 처치하려던 사람들마저 해쳤다. 왕은 이 문제를 해결할 대책을 모색했다. 칼리돈 왕은 격문을 띄워 멧돼지 사냥에 힘을 쓸 영웅호걸들을 그리스 각지에서 불러 모았다.

한 무리의 영웅들이 왕을 돕기 위해 집결했다. 그들은 **아르고호**를 타고 항해했기에 아르고호 원정대로 불렸다(더 자세한 이야기는 이아손 편을 참조하자). 아르고호 대원들(카스토르와 폴리데우케스, 펠레우스, 그리고 심지어 테세우스까지!)과 마찬가지로 아탈란테도 왕을 돕고자 멧돼지 사냥에 참여했다. 아탈란테가 완전무장한 채 남자들과 함께 모습을 드러냈다. 칼리돈의 왕자 멜레아그로스는 그녀를 보자마자 시선을 빼앗겼다. 멜레아그로스는 아탈란테에게 푹 빠졌지만, 그녀는 왕자에게 아무 관심이 없었다. 멜레아그로스는 사냥에 참여한 아탈란테를 곁에서 지원하며 아탈란테의 호감을 사려고 애썼다. 하지만 다른 남자들은 여자와 함께 사냥하는 것을 못마땅하게 여겼다(고대 그리스에서는 여자들이 집 밖에서 활동하는 것을 반기지 않았다). 멜레아그로스는 아탈란테도 다른 남자들과 똑같이 사냥에 참여할 자격이 있다고 강조했다.

사냥에 참여한 사람들은 멧돼지를 찾아 나섰고 곧 멧돼지를 발견했다. 멧돼지는 눈 깜짝할 사이에 남자 두 명을 해쳤고 사냥꾼들은 적잖이 겁을 먹었다. 하지만 아탈란테는 동요하지 않고 활로 침착하게 멧돼지를 조준했다. 아탈란테가 멧돼지를 쏘아 맞혔다. 사냥꾼 무리 중에 첫 번째로 멧돼지에게 상처를 입힌 것이었다. 멧돼지는 화살에 맞아 잠시 정신을 놓은 사이 멜레아그로스가 달려들어 창으로 찔렀다. 멧돼지의 숨통을 끊은 사람은 **엄밀히 말해** 멜레아그로스였지만 그는 아탈란테를 치켜세우며 그녀가 화살을 명중시키지 않았다면 잡지 못했을 것이라고 칭송했다. 멜레아그로스는 아탈란테의 공로를 인정해 멧돼지 가죽을 그녀에게 상으로 수여해야 한다고 사냥에 참여한 남자들을 설득했다. 멜레아그로스의 외삼촌들은 이 같은 결정에 발끈하며 아탈란타에게 멧돼지 가죽을 주지 못하도록 방해했다. 이에 멜레아그로스는 외삼촌들을 죽여 버리고 멧돼지 가죽을 아탈란테에게 돌려주었다.

우리가 몰랐던 이야기

멜레아그로스가 태어났을 때 운명의 여신들은 난롯불에 넣은 저 장작개비가 모두 타면 아들도 죽게 되리라고 말했다. 그 말을 듣고 멜레아그로스의 어머니는 즉시 그 장작을 불 속에서 꺼내 물을 부어 불을 꺼뜨리고는 안전한 곳에 숨겨두었다. 그런데 한낱 여자 때문에 멜레아그로스가 외삼촌들을 죽였다는 소식을 들은 어머니는 너무 화가 나서 그동안 숨겨두었던 나무를 꺼내 와서는 불구덩이 속에 던져버렸다. 그 나무가 불에 타버리자 멜레아그로스는 땅에 쓰러져 숨을 거두었다.

다이달로스

다이달로스는 누구인가?

다이달로스는 아테네 출신의 발명가로 고대 아테네 왕족의 후손이었다. 그리스 신화에서 가장 유명한 발명가였던 다이달로스는 무엇이든 창조해내는 기술과 능력으로 추앙받았다(그는 기발하고 탁월한 발명품뿐만 아니라 괴상하기 그지없는 물건들도 만들었다).

디즈니의 《헤라클레스》(텔레비전 시리즈)에서 다이달로스는 헤라클레스의 절친한 친구인 이카로스의 아버지로 등장한다(이카로스는 다이달로스를 "대드-알로스"라고 부른다. 옮긴이/영어로 아빠를 뜻하는 "대드"로 말장난을 즐기는 것임). 다이달로스와 이카로스 부자는 영화 외에도 미술 작품이나 노래, 문학 작품에 자주 등장하는데, 대개는 이카로스가 비극적으로 추락한 사건을 주로 다룬다.

우리가 알아둘 이야기

다이달로스는 위대한 발명가로 세상에 이름을 날렸고 많은 이들이 그를 찾았다. 발명가로 성공한 오빠를 보고 여동생 페르딕스는 자기 아들에게 발명가가 되는 법을 가르쳐달라고 부탁했다. 다이달로스는 기쁜 마음으로 조카 탈로스를 제자로 받아들였다. 그는 자신의 지식을 널리 퍼뜨리고 싶었고, 누군가에게 부탁을 받으면 우쭐한 기분이 들었다. 다이달로스는 뛰어난 발명가였고 자신이 뛰어난 발명가임을 너무 **잘 알았다.** 그의 자부심은 하늘을 찔렀다.

탈로스는 하나를 가르치면 열을 깨우치며 타고난 재능을 드러내더니 곧 스스로 발명품을 개발하기 시작했다. 다이달로스가 도와주지 않았는데도 톱(물고기 등뼈에 영감을 받아 기다란 띠 모양의 철에다가 들쭉날쭉한 이빨들을 붙였다)과 컴퍼스(수학에 사용하는 도구. 두 개의 뾰족한 금속 조각을 하나로 결속해 원을 그릴 때나 측량할 때 쓰도록 했다)를 발명했다. 톱과 컴퍼스는 탁월한 발명품으로 사람들의 사랑을 받았다. 이렇듯 조카가 승승장구하자 그 인기에 가려진 다이달로스는 조카를 시기하게 되었다. 어느 날 다이달로스는 탈로스를 가르치다가 조카의 천재성에 대한 좌절감과 질투심이 끓어올랐고, 아크로폴리스 절벽 위에서 조카를 밀어버렸다.

다이달로스는 살인죄를 저지른 범인으로 붙잡혀 그 죄로 아테네에서 추방당했다. 그는 그리스 대륙을 떠돌다가 마침내 크레타섬에 정착했다. 다이달로스는 왕궁에 상주하며 미노스 왕과 파시파에 왕비를 위해 일했다. 다이달로스는 파시파에 왕비의 지시로 기계를 만들어 왕비가 포세이돈의 황소와 정을 통할 수 있도록 도와주었고 왕비는 임신하여 미노타우로스를 낳았다(이 엽기적인 발명품에 관해서는 파시파에와 미노스 편을 참조하자). 이 때문에 미노스 왕은 다이달로스를 징벌했다. 왕은 다이달로스에게 미노타우로스를 가둘 미궁을 만들도록 지시하고, 파시파에가 간통을 저지르는 데 일조한 다이달로스도 자신이 직접 만든 미궁 안에 갇혀 지내도록 했다. 크레타섬에 있는 크노소스의 미궁은 탈출이 절대 불가능하다고 전해진다. 오늘날 우리가 생각하는 미궁이나 미로와는 차원이 달랐다. 그곳에는 수천 개의 통로가 얽히고설켜 있었다. 그 미궁은 미노타우로스를 감금할 용도로 지어진 건물이었는데, 사람들로부터 괴물을 안전하게 지키는 동시에 이 괴물로부터 크노소스 사람들을 보호하는 용도였다. 괴물에게 먹이를 주기 위해 미노스 왕은 아테네에서 7년마다 조공으로 바치는 14명의 청년을 미궁에 들여보냈고, 미노타우로스는 미궁을 돌아다니다가 이들 청년과 마주치는 대로 천천히 먹어치웠다. 다이달로스는 크레타섬에 사는 동안 미노스 왕의 시녀였던 나우크라테라와 사랑을 나누었다. 둘 사이에서 아들인 이카로스가 태어났다.

우리가 몰랐던 이야기

다이달로스가 탈로스를 벼랑에서 밀어버렸을 때 아테나는 이를 다 지켜보고 있었다. 소년이 추락할 때 여신은 어떻게든 목숨만은 구하기로 했다. 그래서 탈로스가 땅에 부딪히기 직전에 그를 자고새로 변신시켰다. 고대 그리스인들은 자고새가 여느 새와 달리 하늘을 높이 날지 못하고 지면에 가깝게 나는 까닭을 이 사건에서 찾았다. 이때부터 탈로스가 높은 곳을 두려워하게 되었다는 것이다.

다이달로스의 아들

이카로스

파시파에 왕비가 포세이돈의 황소와 정을 통하는 데 일조한 혐의로 다이달로스가 벌을 받을 때 이카로스 역시 아버지와 함께 미궁에 갇혔다. 이즈음 이카로스의 어머니 나우크라테에게 무슨 일이 일어났는지는 분명치 않지만, 다이달로스가 자신이 발명한 미궁에 아들과 함께 갇혔을 때 그녀는 함께 있지 않았다. 본인이 발명한 미궁임에도 다이달로스는 스스로 그곳에서 탈출할 수가 없었으며 파시파에 왕비의 도움을 받아 겨우 탈출했다. 파시파에는 다이달로스가 자신의 지시를 따랐을 뿐임에도 그가 벌을 받은 것이 내내 미안했다. 그래서 두 사람을 풀어주고, 그들이 크레타섬에서 탈출할 계획을 짜는 동안 숨어 지내도록 했다.

다이달로스는 섬에서 탈출해 그리스 본토로 건너가려면 어떤 방법이 최선인지 모색했다. 우선 그들은 해로를 이용할 수가 없었다. 미노스 왕은 훌륭한 함선들을 보유하고 있었지만, 보안이 철저했기 때문에 아무도 눈치채지 못하게 배를 훔치는 것은 불가능했다. 다이달로스는 비행하는 것 외에는 달리 방도가 없다고 결론지었다. 그들은 하늘을 날 수 있는 방도를 찾아야만 했다.

다이달로스는 자신과 아들이 쓸 날개를 한 벌씩 만들기 시작했다. 먼저, 섬에서 관찰 가능한 거대한 새들의 골격을 그대로 모방해 나무로 골격을 만들었다. 그런 후에는 골격에 깃털을 붙이는 작업이 이어졌다. 관찰한 새의 날개와 똑같이 만들기 위해 섬을 샅샅이 뒤져 깃털을 모았다. 실제 새와 같은 크기의 깃털로 날개를 만들지 않으면 제

대로 작동하지 않을 것이었다. 그가 설계한 날개는 정교했다. 다이달로스는 먼저 큰 깃털들을 골격에 실로 꿰매서 단단히 결속했다. 작은 깃털들은 너무 작아서 꿰맬 수가 없었기에 밀랍을 발라서 붙였다.

마침내 날개가 완성되었다. 다이달로스는 이카로스에게 날개 사용법을 시연해 보였다. 날개를 어떻게 펴고 또 얼마나 자주 펄럭여야 하는지 가르쳤다. 주의할 점도 일렀다. 어떤 일이 있어도 날개가 젖을 만큼 수면 가까이 날아서는 안 된다고 했다. 날개가 젖어서 망가지면 추락해 죽을 수 있었다. 또 너무 높게 날아서도 안 된다고 했다. 태양에 너무 가까이 다가가면 작은 깃털들을 부착할 때 사용한 밀랍들이 녹을 테고, 그러면 역시 추락해서 죽게 된다는 것이었다. 사용법과 주의점을 설명하고 나서 다이달로스는 아들의 날개를 먼저 달아주고, 자신의 날개를 착용한 뒤 비행을 시작했다.

한동안 비행은 순조로웠다. 각 날개는 설계한 대로 작동했다. 하지만 비행시간이 길어질수록 이카로스는 긴장이 풀려 마음이 느슨해졌다. 젊은 혈기 때문이겠지만 일직선 방향으로만 비행하는 것이 슬슬 지루해졌다. 이카로스는 더 재미있게 비행하고 싶은 마음에 비행 패턴에 변화를 주었다. 다이달로스는 아들이 위험한 짓을 한다며 꾸짖었다. 그러나 이카로스는 아버지의 충고를 귓등으로도 듣지 않았다. 기존 경로보다 더 낮게 날았다가 다시 더 높게 솟구치며 신나게 비행했다. 하늘을 나는 방법에 통달한 듯 거칠 것이 없었다. 하지만 이카로스는 어느새 너무 높이 날아 태양과 가까워졌다. 그러자 다이달로스가 경고한 대로 이카로스 날개의 밀랍이 녹기 시작했고 곧 무섭게 추락했다. 이카로스는 아버지를 향해 비명을 지르며 바다로 빠졌고 그대로 목숨을 잃었다. 다이달로스는 아들의 죽음을 슬퍼하며 시신을 가장 가까운 섬에 매장하고 나서 비행을 계속했고 시칠리아에 무사히 도착했다.

이카로스가 추락했다고 전해지는 지중해 바다는 그의 이름을 따서 이카리아 해로 불리며 이카로스가 추락한 곳에서 가장 가까운 곳으로 알려진 섬은 이카리아섬으로 불린다.

파시파에와 미노스

파시파에와 미노스는 누구인가?

파시파에와 미노스는 크레타섬에 있는 크노소스를 다스리는 왕비와 왕이었다. 파시파에는 티탄 신족의 태양신 헬리오스와 님프 페르세이스 사이에 태어난 딸이었다. 미노스는 제우스와 에우로페 사이에 태어난 아들이었다. 그들이 크레타섬을 통치하던 때의 이야기로는 무엇보다 반은 인간의 몸이고 반은 황소인 미노타우로스의 이야기가 특징이다. 이 괴물은 다이달로스가 지은 유명한 미궁에서 살았으며 정해진 기간에 아테네에서 희생 제물로 바치는 비운의 젊은이들로 배를 채웠다.

마녀 여신 키르케의 여동생인 파시파에는 미노타우로스의 탄생을 감각적으로 다시 서술한 매들린 밀러의 소설 《키르케》에도 등장한다. 미노스는 사후에 지하 세계의 재판관이 되었다.

우리가 알아둘 이야기

미노스는 크노소스의 왕위에 올랐을 때(왕위를 두고 형제들과 싸워서 차지한 자리였다), 자신에게 왕이 될 자격이 있음을 크레타 사람들에게 반드시 입증하고 싶었다. 미노스는 자신이 신들의 결정에 따라 왕이 되었으며 신들이 자신의 정통성을 인정했다고 선포했다(어쨌든 그의 아버지는 제우스였다). 미노스는 포세이돈 신에게 기도를 올려 그가 적법한 왕위 계승자임을 보여줄 징표로 크레타 사람들에게 황소를 보내 달라고 간청했다. 그러면서 황소가 나타나면 그 황소를 제물로 바칠 것이라고 서약했다.

포세이돈은 정말로 황소를 보냈다. 잘생긴 황소 한 마리가 바다에서 나타났고, 미노스는 그가 서약한 대로 그 황소를 바로 신에게 바칠 준비를 했다. 그러나 그 황소는 너무 아름답고 찬란해서 도저히 제물로 바치고 싶지 않았다! 미노스는 그 황소 대신 자신이 갖고 있던 또 다른 황소 한 마리(크레타 신화와 전설에는 황소가 **정말 많이** 등장한다)를 제물로 바치고 포세이돈이 보낸 황소는 살려두었다. 포세이돈은 서약을 지키지 않은 미노스에게 몹시 진노했고, 그에 대한 벌로 미노스의 아내인 파시파에가 남편이 제물로 바치지 않고 빼돌린 황소에게 반하도록 만들었다. 이 사랑은 인간이 애완동물에게 품는 사랑이 아니었다. 파시파에는 포세이돈의 황소를 성적으로 사랑하게 되었다. 그녀는 황소와 정을 통하고 싶은 욕정에 몸이 달아 이를 가능하게 해줄 방도를 찾아나섰다.

크레타섬에는 다이달로스라는 발명가가 살았다(더 자세한 내용은 다이달로스와 이카로스 편을 참조하자). 워낙 재능이 뛰어나서 마음만 먹으면 거의 무엇이든 만들어낼 수 있었다. 파시파에는 다이달로스에게 황소를 향한 그녀의 욕정을 채울 수 있는 물건을 만들어달라고 부탁했다. 아무래도 부탁한 내용이 내용이니만큼 다이달로스는 내심 불안했지만, 자신이 발명가로서 뛰어나다는 사실을 입증하려는 열의에 차서 그 요청을 받아들였다. 다이달로스는 커다란 나무로 암소를 만들었다. 그리고 실제 소가죽으로 감쌌다. 겉만 보면 진짜 암소랑 거의 차이가 없었다. 다만 그 내부는 텅 비어 있어서 여자가 한 명 들어가 숨을 공간이 있었다.

파시파에는 마음먹었던 대로 다이달로스가 만든 황소 안에 들어가 포세이돈이 보낸 황소와 정을 통했고, 반은 사람이고 반은 황소인 미노타우로스를 임신했다. 미노스는 이 같은 행위를 간통으로 간주했고, 이 일에 가담한 다이달로스를 벌했다. 하지만 애초에 미노스가 포세이돈 신을 모독하지 않았더라면 이 사달이 일어났을 리가 없다.

우리가 몰랐던 이야기

이 사건 이후 포세이돈의 황소는 미친 듯이 날뛰며 크레타섬을 짓밟았고, 크레타의 황소로 세상에 이름을 알리게 되었다. 결국, 헤라클레스가 와서 황소를 생포해 그리스 본토로 가서 풀어주었다. 그리스에서도 이 황소는 마라톤 지역을 돌아다니며 쑥대밭으로 만들었고 이후로는 마라톤의 황소로 유명해졌다. 마라톤의 황소는 끝내 영웅 테세우스에게 제압당하고 테세우스는 영웅으로서 그 힘을 증명했다.

반은 인간이고 반은 황소인 괴물

미노타우로스

<u>또 다른 이름</u>
아스테리오스, 아스테리온

이 괴물은 저주에 걸린 파시파에 왕비가 포세이돈의 황소와 정을 통해 낳은 자식이었다. 포세이돈 신에게 황소를 바치기로 약속해놓고 이를 어긴 미노스 왕에 대한 징벌이었다. 미노타우로스("미노스의 황소"라는 뜻/옮긴이)에게는 원래 "별처럼 빛나는 자"를 의미하는 아스테리오스(혹은 아스테리온)라는 이름이 있었다. 미노타우로스가 태어나자마자 주위에 있던 사람들은 이 아기를 자유롭게 풀어둘 수 없음을 깨달았다. 신화 속의 많은 반인 반수들은 인간의 특성을 유지했지만, 미노타우로스는 그저 사납고 무시무시한 괴물에 불과했다. 상반신이 인간의 모습을 지닌 여느 반인 반수 종족과 달리 미노타우로스는 상반신이 황소였기 때문에(혹은 머리만 황소로 묘사한 작품도 있는데, 이런 이미지들을 보면 복근이 아주 뚜렷하게 인간의 복근을 하고 있다!) 인간의 인지능력을 지니지 못했던 것 같다. 생각이나 감정, 이해심 같은 것을 찾아볼 수 없는 괴물 그 자체였다.

❧ 미노타우로스는 그저 허구일 뿐이지만 청동기 시대의 크레타 사람들(고대 그리스 문명)은 황소를 상징적 이미지로 즐겨 사용했다. 크레타 청년들이 공중제비를 돌며 황소를 뛰어넘는 벽화를 비롯해 온갖 곳에 황소 그림이 그려져 있다.

미노스와 파시파에는 미노타우로스의 포악한 성질을 두려워해 그를 가둬둘 수단을 마련하도록 다이달로스에게 지시했다. 다이달로스는 미궁을 지었다. 미노타우로스는 미궁에 갇혀 크레타 사람들과 접촉하지 못했고 정기적으로 먹이를 공급받았다. 크레타섬의 미궁은 어마어마하게 커서 이를 설계한 다이달로스조차 출구를 찾을 수 없었다. 거대한 미궁은 사람들을 보호하는 용도이면서 동시에 미노타우로스를 숨기는 용도, 그러니까 미노스 왕의 치부를 감추는 용도였다.

이즈음에 미노스 왕은 아테네와 전쟁을 일으켜 대승을 거두기 직전이었다. 양측은 휴전 협정에 들어갔다. 미노스가 협정 내용을 수용했고, 아테네인들은 협정에 따라 7년마다 자국의 처녀 일곱 명과 총각 일곱 명을 바쳐야 했다. 조공으로 바친 청년들은 미노타우로스의 먹이가 될 운명이었다.

훗날 아테네의 왕자인 영웅 테세우스가 나타나 희생 제물로 자원해 미노타우로스를 죽이고 나서야 아테네는 이 끔찍한 조공에서 벗어날 수 있었다. 이때 테세우스는 조공 행렬에 끼여 크레타섬에 잠입했고, 크레타 공주 아리아드네를 유혹해 그녀의 도움을 얻어냈다. 아리아드네가 테세우스에게 실뭉치를 주었고 테세우스는 그것을 이용해 미궁 속에서 길을 찾고 미노타우로스에게 접근했다. 괴물을 죽이고 난 후에는 다시 실뭉치를 따라 출입구를 찾았다. 미궁에 들어갔다가 탈출에 성공한 사람은 테세우스가 처음이었다.

오르페우스와 에우리디케

오르페우스와 에우리디케는 누구인가?

청년 오르페우스는 트라키아 출신으로 트라키아의 왕과 뮤즈 칼리오페 사이에 태어났다. 어머니를 닮은 오르페우스는 인간들 가운데 가장 뛰어난 시인이자 음악가로 손꼽혔다(오르페우스는 자신의 재능을 결코 신에 견주지 않았다!). 그가 리라를 연주할 때면 근처에 있는 모두가 먼저 그 소리에 매료되었고 그의 용모에 다시 한번 반했다. 심지어 현을 한 번만 뜯어도 모두가 오르페우스를 주목했다고 한다. 오르페우스는 이아손이 이끄는 아르고호 원정대와 함께 황금 양털을 찾아 나섰으며 필요할 때마다 리라를 연주해 문제를 해결했다.

아르고호 원정대가 세이렌을 만났을 때 오르페우스는 선원들을 세이렌의 위험한 유혹으로부터 구해냈다. 세이렌들이 고혹적인 노래를 부를 때 오르페우스는 더 크고 아름다운 소리로 리라를 연주해 세이렌들의 노래를 잠재웠다. 그가 아니었다면 배도 선원도 모두 무사하지 못했을 것이다.

오르페우스는 에우리디케라는 아가씨와 결혼했다. 안타깝지만 에우리디케에 관해서는 오르페우스가 그녀를 아주 많이 사랑했다는 것, 그리고 그들의 이야기에 비춰보건대 그녀 역시 오르페우스를 많이 사랑했으리라는 것 외에는 알려진 게 많지 않다.

우리가 알아둘 이야기

이아손을 비롯한 아르고호 원정대와 함께 모험을 마치고 돌아온 오르페우스는 고국인 트라키아에 정착해 에우리디케라는 아름다운 처자와 결혼했다. 부부의 결혼생활은 하루 이틀 사이에 끝을 맺고 말았는데 에우리디케가 친구들과 풀밭을 거닐다가 독사에게 물렸기 때문이다. 어린 신부는 안타깝게도 그 자리에서 숨을 거두었다.

　오르페우스는 깊이 사랑한 아내를 너무도 빨리 잃은 슬픔에 잠겨 헤어나지 못했다. 아내를 되살릴 수만 있다면 무슨 짓이라도 하리라고 마음먹었다(이와 같은 집착을 장점으로 보는 이도 있고 결점으로 보는 이도 있다). 오르페우스는 지하 세계를 찾아가 죽은 자들의 왕과 왕비에게 에우리디케를 놓아달라고 간청할 작정이었다. 이는 쉽게 실현할 수 있는 목표가 아니었다. 이런 일을 시도한 사람이 거의 없었던 데에는 그만한 이유가 있었기 때문이다. 설령 지하 세계까지 무사히 건너가더라도 하데스와 페르세포네를 설득해야 하는 관문이 기다리고 있었다.

　오르페우스는 지하 세계 입구에 이르러 리라를 연주하기 시작했다(그가 어떤 여정을 거쳐 그곳에 도달했는지 우리는 알지 못한다). 그 선율이 얼마나 아름답고 평온하게 울려 퍼졌는지 지하 세계의 모든 활동이 멈출 정도였다. 죽은 자들을 그들의 새 거처로 인도하던 뱃사공 카론도 음악에 매혹된 나머지 아직 죽지도 않은 오르페우스가 강을 건너는 것을 도왔다. 저승 입구를 지키던 머리 셋 달린 사나운 케르베로스는 잠이 들고 말았다. 오르페우스가 연주하는 고운 선율에 지하 세계가 잠잠해졌다. 심지어 한시도 쉬지 않고 죄인들이 수행해야 하는 영원한 형벌마저 중단되었다. 일례로, 익시온이나 탄탈로스, 그리고 어차피 굴러떨어질 바위를 언덕 위로 밀어 올리는 헛수고를 영원토록 해야 하는 시시포스 같은 이들의 형벌도 잠시 연기되었다.

지하 세계의 모든 활동이 멈췄듯이 하데스 왕과 페르세포네 왕비도 오르페우스의 음악에 마음이 움직여 아내를 이승으로 데려가게 해달라는 그의 청을 들어주었다. 다만 조건이 하나 있었다. 지하 세계를 완전히 벗어나기 전에 뒤를 돌아 에우리디케를 쳐다보면 안 된다는 것이었다. 지상에 이르기 전에 아내에게 눈길을 주는 것은 절대 금물이었다. 오르페우스는 기꺼이 동의했다. 이에 에우리디케가 걸어 나왔고, 오르페우스는 그녀가 뒤따라올 것으로 믿고 지상을 향해 떠났다.

오르페우스는 아주 잠깐이라도 고개를 돌려 아내를 확인하고 싶은 마음이 굴뚝같았다. 정말로 에우리디케와 지상에서 상봉하게 될 것인지 아니면 그저 농간에 놀아나는 것은 아닌지 확실히 해두고 싶었다. 하지만 그런 욕구를 꾹꾹 참아내며 걸었고 지상의 햇살이 비치는 곳에 다다랐다. 오르페우스는 지하 세계를 벗어나는 데 성공했다. 그리운 햇살이 몸에 닿자 오르페우스는 저도 모르게 뒤를 돌아다보았고, 육신을 입은 아내를 보고 뛸 듯이 기뻤다. 그러나 너무 일렀다. 오르페우스는 지하 세계를 벗어났지만, 에우리디케가 지상의 햇살을 받기까지는 아직 몇 걸음이 더 남아 있었다. 오르페우스가 아내를 쳐다보자 아내는 순식간에 다시 지하 세계로 끌려가고 말았다. **"잘 있어요"** 라는 짧은 인사만 남긴 채 에우리디케는 영영 모습을 감췄다.

우리가 몰랐던 이야기

고대 세계에서 오르페우스라는 캐릭터는 세대를 거치며 크게 달라졌다. 나중에는 오르페우스를 중심으로 신들의 기원과 신화를 재해석한 오르페우스교로 발전했다.

티탄 신족 헬리오스와 님프 클리메네의 아들

파에톤

파에톤은 누구인가?

파에톤은 티탄 신족 헬리오스와 님프 클리메네의 아들이었다. 태양신 헬리오스는 태양을 제어했다. 그는 태양을 끄는 마차를 몰고 날마다 하늘을 가로질렀다(일부 설화에서는 헬리오스가 태양과 동일시되었다). 파에톤에게는 헬리아데스로 알려진 일곱 누이(헬리오스의 딸)가 있었다.

디즈니의 텔레비전 시리즈《헤라클레스》첫 에피소드를 보면 헤라클레스가 파에톤과 똑같은 역할을 담당한다. 헤라클레스는 태양 마차를 몰 수 있었으며(다만 이 시리즈는 후대에 바뀐 그리스 신화 설정에 따라 아폴론을 태양신으로 묘사한다) 태양 마차를 몰다가 파에톤 못지않게 크나큰 피해를 준다.

우리가 알아둘 이야기

파에톤이라는 이름은 "빛나는"이라는 의미였고 빛나는 태양신 헬리오스의 자식이었다. 어린 파에톤은 태양을 끌고 하늘을 지나는 엄청난 신이 바로 자기 아버지라며 친구들에게 우쭐댔다. 친구들은 파에톤이 하는 말을 믿지 않았기에 터무니없는 소리 말라고 했다. 친구들이 믿어주지 않자 파에톤은 참을 수가 없었다. 그렇지 않아도 혈기 왕성한 나이에 자기 아버지가 태양 마차를 끈다는 말을 친구들이 거짓으로 치부하자 파에톤은 가만히 있을 수가 없었다. 그는 자신의 말을 입증해야겠다고 마음먹었다. 날마다 태양을 끌고 하늘을 가로지르는 신이 정말로 자기 아버지라는 사실을 직접 보여주고 싶었다.

헬리오스의 아들이라는 사실을 입증하기 위해서는 먼저 헬리오스를 만나야 했다. 헬리오스는 파에톤이 자라는 동안 곁을 지키지 못했기에(그는 꽤 분주한 신이었다) 미안한 마음을 가지고 있던 차에 파에톤이 원하는 것이 무엇인지 들어보지도 않고 무엇이든 들어주겠다고 덥석 약속해버렸다. 파에톤이 바라던 그림이었다! 파에톤은 가끔이라도 좋으니 태양 마차를 끌고 하늘을 지나가도 되느냐고 물었다. 아니 이번 한 번만이라도 허락해달라고 요청했다. 헬리오스는 망설였다. 태양 마차를 끄는 일은 위험천만한 일이었기 때문이다. 마차를 몰면서 운행해야 하는 것은 다른 것도 아니고 **태양**이었다. 태양을 운행하는 일도 어려운 일인데 파에톤은 나이도 어린 데다 경험도 전혀 없었다. 하지만 헬리오스는 아들에게 어떤 부탁이든 들어주겠노라고 이미 약속한 터였다! 약속 먼저 해버린 것을 뒤늦게 후회했지만, 자신이 선언한 약속을 먼저 파기할 수는 없었다. 헬리오스는 혹시나 하는 기대를 품고 파에톤에게 그 요구를 물리지 않겠냐고 물었다. 하지만 파에톤은 물러서지 않았다. 태양 마차를 끌 수만 있다면 친구들에게 그의 아버지가 누구인지 입증할 수 있을 뿐 아니라 아버지의 부재로 힘들었던 삶도 모두 과거지사가 될 것이었다. 헬리오스는 하는 수 없이 아들의 청을 들어주기로 했다.

파에톤이 태양 마차에 오르기 전에 헬리오스는 주의할 점을 하나도 **빠짐없이** 설명했다. 어디로 가야 하는지, 마차를 어떻게 몰아야 하는지, 무엇을 피해야 하는지 가르쳤다(너무 낮게도, 너무 높게도 몰지 마라!). 마차를 끄는 말을 다루는 일도 쉽게 생각했다가는 큰코다친다고 일렀다. 헬리오스는 아들이 하늘을 지나는 여정에 필요한 준비를 모두 마쳤지만, 불안한 마음을 떨칠 수 없었다. 뜨거운 햇빛으로부터 파에톤을 보호하기 위해 그의 얼굴에 신성한 연고를 발라주었다. 그 연고를 바른 덕분에 파에톤은 태양이 가까이 매달려 있음에도 마차를 출발시킬 수 있었다.

처음에는 순조롭게 태양 마차를 운행하는 듯 보였다. 하지만 뭔가 삐걱하는 듯하더니 모든 게 엉망이 되고 파에톤은 당황해서 넋이 나가고 말았다. 파에톤이 말들을 제대로 제어하지 못하자 마차가 경로를 이탈해 이리저리 내달렸고, 뒤따라오는 태양에 지구의 절반이 불타올랐다. 마차가 정신없이 내달리는 동안 여기저기서 불길이 치솟으며 지구가 불바다로 변했다. 사태가 이쯤 되자 이를 저지할 수 있는 이는 제우스뿐이었다. 태양 마차 때문에 초래된 대혼란을 종식하기 위해 제우스가 나섰다. 제우스는 파에톤을 향해 벼락을 내리쳐 마차를 멈추었다.

파에톤은 땅에 떨어졌고 가엽게도 숨을 거뒀다. 파에톤이 추락한 곳에는 그의 누이들인 헬리아데스가 모여 동생의 죽음을 애도했고, 동생을 위해 울고 또 울다가 끝내는 사시나무로 변하고 말았다.

우리가 몰랐던 이야기

파에톤 이야기를 보면 태양 마차가 남동 아시아와 아프리카 상공을 지날 때 지상과 너무 가깝게 날았다는 대목이 있다. 신화에 따르면 이런 이유로 그 지역 사람들이 그리스인보다 피부가 더 검다고 한다.

오이디푸스

오이디푸스는 누구인가?

오이디푸스는 테베의 라이오스 왕과 이오카스테 왕비 사이에 태어난 왕자였다. 카드모스와 하르모니아 가문의 저주받은 후손이기도 했던 그는 태어나자마자 버려졌다가 이후 코린토스의 왕자가 되었고, 종내에는 테베의 왕이 되었다(사연이 매우 복잡하고 길다). 오이디푸스라고 하면 그의 이름을 따서 붙인 "콤플렉스"라든지 그의 이야기를 다루는 작품들이 먼저 떠오른다. 하지만 오이디푸스 이야기의 자초지종을 제대로 기억하는 사람은 드물다. 오이디푸스 이야기 자체는 고대 그리스의 소포클레스가 쓴 희곡 《이디푸스왕》을 통해 가장 많이 소개되었다. 오이디푸스와 그의 가족이 등장하는 최근 작품으로는 나탈리 헤인즈의 《이오카스테의 아이들》이 있다.

우리가 알아둘 이야기

오이디푸스는 테베의 왕과 왕비 사이에서 태어났다. 라이오스 왕은 아들 오이디푸스가 장성해 자신을 죽일 것이라는 예언에 관해 알고 나서 아들을 내다 버리기로 했다(아기를 산에 버려 거친 비바람에 죽거나 짐승의 먹이가 되도록 한 것이다). 하지만 왕의 지시를 받은 시종은 차마 아기를 산에 버릴 수가 없었고 지나는 양치기에게 아기를 건넸다. 그 양치기는 아기를 데리고 코린토스로 떠났고, 아기는 거기서 코린토스의 왕과 왕비에게 은밀히 양자로 입양되었다. 친자식이 아니라는 소문이 떠돌긴 했지만, 오이디푸스는 코린토스에서 여느 왕자들처럼 번듯한 왕자로 자랐다. 성인이 된 오이디푸스는 신탁소로 여행을 떠났고, 그 역시 자신의 미래에 관한 예언을 듣게 되었다. 언젠가는 그가 아버지를 죽이고 어머니와 결혼하게 되리라는 내용이었다(참으로 기구한 운명이다!). 예언을 듣고 마음이 심란해진 오이디푸스는 코린토스로는 절대 돌아가지 않겠노라고 맹세했다(만약에 오이디푸스가 자신이 코린토스 왕의 친자식이 아니라는 소문을 귀담아듣고 그 소문의 진실을 파헤쳤더라면 장차 일어날 비극을 막았을지도 모른다!).

  신탁소를 떠나 여행을 하던 오이디푸스는 코린토스와 테베로 갈라지는 길목에 이르렀다. 그런데 이때 마차를 난폭하게 몰고 지나가려는 사내와 다툼이 생겼고 오이디푸스는 분을 참지 못하고 그 사내를 죽이게 된다. 시간이 흘러 오이디푸스는 마침내 스핑크스(상반신은 여자에 독수리의 날개를 지닌 사자이다)를 만났다. 스핑크스는 오이디푸스에게 수수께끼를 냈고 이를 모두 맞추기 전에는 이 길을 지날 수 없다고 말했다(스핑크스는 정답을 맞히지 못한 사람들을 잡아먹는 버릇이 있었다). 오이디푸스가 비록 분노 조절에는 어려움이 있었지만, 머리가 좋은 사람이었기 때문에 스핑크스가 낸 수수께끼를 풀고 테베에 입성했다. 테베 사람들은 스핑크스에게 오랫동안 시달려왔던 터라 멀쩡한 모습으로 나타난 오이디푸스를 보고 뛸 듯이 기뻐했다! 테베의 왕이 살해당하는 비극을 겪고 때마침 스핑크스까지 나타나 도시를 지나는 사람들을 모조리 죽이는 통에 절망에 빠져 있던 사람들은 이제나저제나 좋은 소식이 들려오기를 학수고대하고 있었다. 남편을 잃은 지 얼마 되지 않은 이오카스테 왕비는 오이디푸스를 반갑게 맞이했으며 다들 알다시피 이 두 사람은 더없이 사이가 좋았다.

❦ 스핑크스의 수수께끼는 이것이었다. 아침에는 네 발로 걷고 오후에는 두 발로 걷다가 저녁에는 세 발로 걷는 것은 무엇인가? 정답은 인간이다! (아기는 네 발로 걷고, 성인은 두 다리로 걷고 노인은 지팡이를 사용한다.)

오이디푸스와 이오카스테는 순식간에 가까워지더니 사랑에 빠져 결혼까지 했다. 두 사람은 안티고네, 이스메네, 에테오클레스, 폴리네이케스, 이렇게 네 자녀를 두었다. 오이디푸스와 이오카스테는 테베에서 자식들을 양육하며 십 년 넘게 행복한 부부로 지냈다. 모든 일이 순탄하게 흘러갔다. 하지만 어느 날부터 테베에 역병이 창궐하면서 모든 게 달라졌다. 사람들은 무서울 정도로 빠르게 죽어 나갔고, 오이디푸스는 왜 이런 일이 발생한 것인지 그 이유를 알아내려고 했다. 역병은 아폴론의 소관이기 때문에 오이디푸스는 그의 매형 크레온을 신탁소에 보내 조언을 구하도록 했다. 크레온은 그곳에서 라이오스 왕의 살인자가 죗값을 치르지 않기 때문에 역병이 생겼다는 신탁을 들었다.

처음에 오이디푸스는 그 살인자가 누구인지 짐작조차 하지 못했다. 하지만 라이오스의 죽음에 관해 하나둘 사실이 밝혀지자 오이디푸스는 갈림길에서 라이오스를 살해한 자가 바로 자기 자신임을 알아차렸다. 그뿐 아니었다. 라이오스가 자신의 아버지이며 이오카스테가 자신의 어머니라는 사실도 결국 알게 되었다. 그러니까 오이디푸스는 테베 왕을 살해했을 뿐만 아니라 그가 그토록 두려워했던 예언을 자기도 모르는 사이에 실현한 것이다. 그는 친부를 살해하고 친모와 결혼하고 말았다. 이 사실에 경악한 이오카스테는 비통함을 이기지 못하고 스스로 목숨을 끊었다. 자신이 저지른 일에 수치심을 느낀 오이디푸스는 자신의 두 눈을 뽑고, 자기 자신을 테베에서 추방하는 벌을 내렸다. 그의 딸 안티고네는 아버지 곁에서 눈이 되어 주었고 오이디푸스가 떠돌아다니다가 죽을 때까지 함께 했다.

우리가 몰랐던 이야기

오이디푸스 신화를 보는 이들 중에는 설령 그것이 무의식이었더라도 그가 자신의 아버지를 죽이고 어머니와 결혼한 사실을 **모르지 않았다**고 해석하는 이들이 많다. 이 같은 관점에서 프로이드가 오이디푸스 콤플렉스 개념을 제시했지만, 이 같은 해석은 터무니없다. 오이디푸스는 갈림길에서 만난 사내가 자기 아버지인지 알 길이 없었고, 남편을 잃은 왕비가 자기 어머니인 줄도 알 수 없었다. 나중에 이 사실을 알게 되었을 때 그는 공포에 질렸다.

✤

아테네 왕실의 두 딸

프로크네와 필로멜라

프로크네와 필로멜라는 누구인가?

프로크네와 필로멜라는 고대 아테네의 왕인 에레크테우스의 두 딸이었다. 고대 아테네의 왕족이었던 두 자매에 관해서는 그들이 겪은 비극이 가장 많이 알려졌다. 신들은 두 자매가 더는 비극적인 고통을 겪지 않도록 새로 변신시켰고 각각 제비와 나이팅게일이 되었다.

우리가 알아둘 이야기

자매 중 언니인 프로크네는 테레우스라는 남자와 결혼해 그의 고국인 트라키아에서 함께 살았다. 테레우스는 전쟁의 신 아레스의 아들이었다. 테레우스가 세운 공로에 대한 보상으로 그의 신부가 된 프로크네는 그녀의 고국인 아테네와 가족을 몹시 그리워했다. 무엇보다 그녀의 여동생 필로멜라가 못 견디게 보고 싶었다.

프로크네는 테레우스와의 사이에서 이티스라는 아들을 낳았다. 프로크네는 어린 아들을 여동생에게 꼭 보여주고 싶었다. 그녀는 남편에게 부탁해 필로멜라를 트라키아에 초대하자고 했고, 남편은 그 요청을 수락했다. 테레우스는 자신이 직접 아테네에 가서 필로멜라를 데려오겠다고 했다. 하지만 테레우스는 이미 프로크네와 결혼한 사이임에도 아내의 동생인 필로멜라를 보자마자 욕정이 솟았다. 테레우스는 강제로라도 여자를 가져야 직성이 풀리는 **최악의** 남자였다.

트라키아로 돌아가는 길에 두 사람은 잠시 휴식을 취했다. 거기서 테레우스는 필로멜라에게 언니가 죽었다는 소식을 방금 접했다고 말했다(물론 이것은 새빨간 거짓말이었다). 필로멜라는 크나큰 충격을 받고 깊은 슬픔에 잠겼다. 그녀가 슬픔에 빠져 있는 사이에 테레우스는 두 자매를 모두 갖고 싶은 욕심에 필로멜라를 속여 결혼을 진행했다. 하지만 필로멜라는 곧 진실을 알게 되었다. 언니는 멀쩡하게 살아있었고, 이 최악의 남자가 부당한 결혼을 강행한 것이다. 분노한 필로멜라는 진실을 폭로하겠다고 테레우스를 위협했다. 이에 테레우스는 필로멜라의 혀를 자르고, 그녀가 도망치지 못하게 외딴곳에 가둬버렸다. 그러고 나서 테레우스는 고국으로 돌아가 프로크네에게 여동생이 죽었다고 말했다.

필로멜라는 테레우스에게 벗어나 어떻게든 언니에게 소식을 전하기로 마음먹었다. 혀를 잘렸기 때문에 말을 할 수는 없었지만 필로멜라는 직물을 짤 줄 알았고, 테레우스가 베틀을 마련해주었다(필로멜라가 수를 놓는 솜씨가 아주 뛰어나다는 사실을 간과한 것이 테레우스의 실수였다). 필로멜라는 교묘하게 수를 놓아 그녀에게 무슨 일이 있었는지 낱낱이 표현했다. 테레우스가 그녀의 입을 어떻게 막았는지를 비롯해 그가 저지른 모든 만행을 태피스트리에 담았다. 태피스트리가 완성되자 그녀는 자신의 건강 상태를 확인하기 위해 들르는 여인에게 건네주며 그것을 프로크네에게 전해달라고 부탁했다.

프로크네는 그 태피스트리를 보자마자 거기에 담긴 의미를 단박에 이해했다. 필로멜라는 그만큼 수를 놓는 재능이 탁월했다. 자신의 남편이 사랑하는 여동생에게 어떤 만행을 저질렀는지 알아버린 프로크네는 남편이 응당한 벌을 치르도록 방도를 궁리했다.

프로크네는 먼저 여동생부터 풀어주었다. 그리고 때마침 아들 이티스와 마주치고 나서 프로크네는 남편에게 확실히 앙갚음할 방법을 떠올렸다. 그녀는 아들을 죽여 시신을 조각낸 뒤 그것으로 저녁을 준비해 남편에게 대접했다. 테레우스는 자기 앞에 놓인 음식이 아들의 시신인 줄도 모르고 식사를 마쳤고 프로크네는 음식에 관한 진실을 털어놓았다. 테레우스는 충격을 받아 넋이 나갔고, 그 사이에 두 여인은 달아났다. 테레우스가 뒤늦게 두 여인을 맹렬하게 추격했다. 그리고 마침내 그들을 붙잡아 죽이려는 찰나 신들이 개입했다. 신들은 프로크네는 나이팅게일로 그리고 필로멜라는 참새로 둔갑시켰다.

고대 그리스인들은 참새가 짹짹거리기만 할 뿐 여느 새들처럼 노래하지는 못한다고 생각했다. 그 이유는 참새가 된 필로멜라가 테레우스에게 혀가 잘린 사연이 있기 때문이라고 여겼다.

우리가 알아둘 이야기

테레우스가 죗값을 치르도록 만들기 위해 아내인 프로크네가 쓴 방법은 메데이아가 이아손을 응징할 때 썼던 방법과 비슷하다. 고대 그리스에서 여인들에게는 별다른 힘이 없었고, 여성이 써먹을 수 있는 권력 수단은 남자들을 위해 자식과 후계자를 생산하는 능력과 불가분의 관계에 있었다. 상상하기 힘들겠지만 남자들의 끔찍한 죄를 벌하기 위해 여자들이 쓸 수 있는 가장 강력한 수단은 스스로 끔찍한 죄를 저지르는 것이었다. 다시 말해 여자들은 남자의 후계자를 제거하는 방법으로 그 남자가 대를 잇지 못하게 만들 수 있었다.

탄탈로스와 그의 가족

또 다른 이름

탄탈리스

탄탈로스는 누구인가?

리디아의 왕 탄탈로스는 신들에게 대적한 죄로 그의 후손들에게 두고두고 미치는 저주를 받았다. 그의 가족들은 탄탈리스(탄탈로스의 자녀들)라고도 불렸다. **탠털라이즈(감질나게 괴롭히다)**라는 영어 단어는 탄탈로스와 그가 받은 형벌 이야기에서 기원한다. 그는 지하 세계에 갇혀 자신의 욕망을 채울 수단이 곁에 있으면서도 감질나게도 그 욕망을 결코 채우지 못하는 벌을 받았다.

탄탈로스의 가족에게 내린 저주는 탄탈로스 가문의 저주, 펠롭스 가문의 저주, 혹은 아트레우스 가문의 저주라고도 불린다(이름이 이처럼 다양한 것만 봐도 이 가문에 얼마나 강력한 저주가 내렸는지 알 수 있다!).

우리가 알아둘 이야기

탄탈로스 가문의 저주는 제우스의 아들인 탄탈로스로부터 시작되었다. 탄탈로스는 신들의 총애를 받았다. 어느 정도인가 하면 올림포스에 초대받아 신들과 같은 자리에서 만찬을 즐길 정도였다(필멸의 존재인 인간에게는 거의 일어나지 않는 일이었다). 탄탈로스가 신들과 함께 한 첫 번째 만찬은 순조롭게 끝났고, 신들은 다음번에 탄탈로스가 그의 궁에서 만찬을 열면 그 자리에 참석하기로 했다. 탄탈로스는 신들을 초대한 만찬 자리에서 신들을 시험해보기로 했다. 탄탈로스는 자기 아들 펠롭스를 죽여 그 시신을 넣고 끓인 스튜를 신들에게 대접했다. 신들은 음식에 문제가 있음을 바로 알아차렸지만 데메테르는 이를 눈치채지 못하고 한 입 먹고 말았다. 신들은 죄를 지은 탄탈로스를 지하 세계의 깊숙한 곳인 타르타로스에 감금하고 절대 손에 넣을 수 없는 음식과 물을 보며 영원토록 갈증과 허기에 시달리는 형벌을 내렸다. 한편 신들은 펠롭스의 육신을 복구해주었다(데메테르가 먹어버린 어깨 조각은 상아 어깨로 대체했다!).

　펠롭스는 부친으로 시작된 가문의 저주로부터 아무 영향을 받지 않고 성장했다. 장성한 펠롭스는 히포다메이아에게 청혼했다. 그녀를 아내로 삼으려면 먼저 전차 경주에서 그녀의 아버지를 이겨야만 했다. 일설에 따르면, 펠롭스는 히포다메이아의 도움으로 그에게 유리하도록 경기를 조작했다. 이야기인즉슨, 히포다메이아가 아버지의 마부인 미르틸로스를 매수해 아버지의 전차에서 쐐기를 뽑아 고장 내게 한 덕분에 펠롭스가 경주에서 쉽게 이길 수 있었다는 것이다. 나중에 펠롭스는 미르틸로스를 절벽 아래로 밀어뜨려 죽였다. 미르틸로스는 절벽에서 떨어지며 펠롭스를 저주했다(탄탈로스 일가에 또 다른 저주가 더해진 것이다!).

탄탈로스 가문의 저주는 그의 딸 니오베에게 이어진다. 니오베의 이야기는 레토 편에서 다룬 바 있다. 이어서 미케네의 왕위를 놓고 싸웠던 펠롭스의 두 아들 아트레우스와 티에스테스에게 저주의 영향이 미쳤다. 티에스테스는 아트레우스의 아내에게 수작을 걸어 정을 통했고, 이 때문에 아트레우스는 티에스테스를 응징하려고 (그의 할아버지가 신들에게 했던 것처럼) 티에스테스의 자식들을 죽이고, 그 시신을 끓여서 티에스테스에게 대접했다. 그리고 이 같은 죄악에 대한 형벌을 치른 이는 아트레우스가 아니라 그의 자식들이었다. 가문에 내려진 저주는 아트레우스의 아들인 메넬라오스와 아가멤논에게 이어졌다. 티에스테스는 앞선 사건으로 자식들을 잃은 후에 다시 아이기스토스라는 아들을 얻었다. 트로이 왕자가 메넬라오스의 아내 헬레네를 납치한 사건은 그 유명한 트로이 전쟁을 일으켰다. 아가멤논이 집안의 저주로 맞은 비극은 특히 끔찍했다. 트로이 원정길에 나선 아가멤논은 순조로운 항해를 기원하며 자신의 딸 이피게네이아를 신들에게 제물로 바쳤다. 이에 앙심을 품은 아가멤논의 아내는 그의 사촌 아이기스토스와 머리를 맞대고 트로이 전쟁이 계속되는 10년 동안 복수를 계획했다(아이기스토스가 품은 복수심은 아가멤논의 아버지가 저지른 죄와 더 관련이 깊었다). 전쟁을 치르고 아가멤논이 고국에 돌아오자 두 사람은 그를 살해했다. 더 자세한 이야기는 클리타임네스트라와 그 자녀들 편을 참조하자.

우리가 몰랐던 이야기

고대 그리스 신화에서 사람이 저지르는 가장 끔찍한 행위 중 하나가 식인 행위였다. 이것은 앙갚음의 수단으로 쓰이기도 했고, 음험한 시험의 수단(탄탈로스의 경우처럼)으로 쓰이기도 했다. 프로크네와 필로멜라 편에도 식인 행위가 등장한다. 이런 행위에 신들이 개입되는 경우에는 예외 없이 훨씬 더 끔찍하고 가혹한 저주로 이어졌다.

다나이데스

다나이데스는 누구인가?

다나이데스는 복수형으로 다나오스라는 남자의 딸들 50명을 일컫는다. 이들은 모두 아프리카 태생이었고 그리스 전역을 떠돌다가 나일강에 정착했던 이오의 후손들이라고 한다. 다나이데스라고 하면 이들이 받은 형벌이 가장 많이 알려져 있다. 그들은 지하 세계에 갇혀 구멍이 뚫린 항아리에 한없이 물을 채워야 하는 형벌을 받았다.

우리가 알아둘 이야기

50명의 다나이데스 이야기는 아프리카와 중동 지역에서 시작된다. 이 광활한 제국을 다스렸던 벨로스 왕은 두 아들에게 왕국을 나눠주었다. 아이깁토스는 이집트와 동쪽으로는 레바논까지 포함하는 지역을 다스리게 되었다(일설에 따르면 그가 자신의 이름을 따서 국호를 이집트로 지었다고 한다). 다나오스는 고대 그리스인들이 리비아라 부르는 지역을 다스리게 되었다(이곳은 이집트의 서쪽으로 북아프리카 영토의 대부분을 차지했다). 하지만 벨로스가 세상을 뜨자 형제는 아버지가 그들에게 남긴 영토를 두고 싸웠다.

아이깁토스는 정전 협정 조건으로 그의 아들 50명을 사촌지간인 다나이데스, 곧 다나오스의 딸 50명과 결혼시킬 것을 제안했다. 다나이데스는 결혼에 결사반대했으며 이를 위해서는 무슨 짓이든 할 작정이었다. 아버지와 삼촌이 모종의 계략을 꾸몄다고 의심했든지 아니면 그저 삼촌의 자식들과 결혼하기가 싫었든지 여하간 다나이데스는 이집트에서 도망쳐 바다를 건넜고, 그리스의 아르고스에 상륙했다.

이즈음 아르고스는 끔찍한 기근을 겪고 있었는데 사람들은 그 이유를 설명하면서 이 도시국가의 수호신 자리를 놓고 헤라와 경쟁했던 포세이돈이 아르고스를 차지하지 못한 분노로 일으킨 재앙이라고 믿었다. 다나이데스는 물을 찾아 나섰고, 그중 하나인 아미모네가 사냥하다가 던진 창이 어쩌다가 사티로스를 맞혔다. 잠을 자던 사티로스는 깜짝 놀라 화를 냈고 아미모네를 붙잡아 겁탈하려고 달려들었다. 이때 포세이돈이 나타나 아미모네를 구해주는가 싶더니 아미모네를 겁탈했다. 욕망을 채운 포세이돈은 역겹게도 일종의 "감사" 표시로 아미모네에게 레르네의 샘물을 보여주었다. 이로써 아르고스는 기근에서 벗어났다.

기근이 끝나고 얼마 후에 아이깁토스의 아들 50명이 아르고스에서 다나오스와 다나이데스를 찾아내고는 그들과 결혼할 것을 다시 제안했다. 다나오스도 그의 딸들도 결혼 제안에 관한 생각은 바뀌지 않았지만, 이번에는 다나이데스가 결혼을 피할 방도가 없었다. 양가는 결혼식 준비에 들어갔다. 어떤 이유로 또 어떻게 결혼을 강제했는지는 분명하게 알려지지 않았지만, 다나이데스가 원한 결혼은 아니었다. 결혼식 날 다나오스는 딸들에게 작은 단검을 한 자루씩 나눠 주고 옷 속에 감춰두도록 했다. 다나이데스는 새로 벼린 단검을 드레스 자락 속에 꼭꼭 감추었다. 결혼식은 예정대로 거행

되었고 다나오스의 딸들 50명은 그들의 삼촌 아이깁토스의 아들 50명과 부부가 되었다.

결혼식 날 밤에 50명의 딸은 각각 신랑과 함께 침실에 들었다. 그들은 자기 신랑이 잠들기를 기다렸다가 각자 찔러 죽였다. 그런데 한 사람은 예외였다. 히페름네스트라는 그녀 곁에 평온히 잠들어 있는 젊은 린케우스를 차마 죽이지 못했다. 그녀는 그를 깨워 아르고스에서 달아나도록 도왔다. 다나오스는 린케우스를 살려주었다며 히페름네스트라를 감금했다.

한편, 49명의 다나이데스는 남편들의 목을 베어 레르네 샘 부근에 머리를 묻고, 나머지 육신은 아르고스에서 장례를 치렀다. 다나이데스는 사후에 지하 세계로 떨어져 밑 빠진 항아리에 언제까지고 물을 길어 채워야 하는 형벌을 받았다.

우리가 몰랐던 이야기

탄탈로스와 익시온(헤라 편을 참조하자), 그리고 밀어 올려봤자 어차피 굴러떨어질 바위를 다시 밀어 올려야만 하는 그 유명한 시시포스와 더불어 다나이데스 역시 지하 세계에서도 가장 깊은 타르타로스의 거주민이 되었고, 거기서 영원한 형벌을 치르며 살았다.

파리스

또 다른 이름
알렉산더, 알렉산드로스(Alexandros, Alexander와 철자가 다르다)

파리스는 누구인가?

트로이의 왕자 파리스는 프리아모스 왕과 헤카베 왕비의 아들이었고, 트로이 전쟁의 유명한 영웅 헥토르의 동생이었다. 파리스는 태어났을 때 왕가에서 쫓겨나 산기슭에 버려져 죽을 운명에 놓였다. 그가 장차 트로이 시를 불바다로 만들 것이라는 꿈을 꾼 헤카베가 그 운명을 피하려고 아기를 내다 버린 것이다. 하지만 파리스는 죽지 않았다. 어느 양치기에게 구조되어 그 아들로 자랐고 훗날 장성해서 트로이 왕가에 복귀했다. 그즈음 다들 예언 같은 건 까맣게 잊고 있을 때였다(그래서 어떻게 되었는지 아는가?)

    2004년도 영화 《트로이》를 통해 파리스를 기억하는 사람들이 많을 것이다. 이 영화는 파리스와 헬레네의 뜨거운 로맨스를 실감 나게 묘사했다. 영화는 두 사람의 이야기를 무척 낭만적으로 해석했지만 사실 신화에서는 두 사람이 그토록 열렬하게 사랑했는지 분명하게 드러나지 않는다.

우리가 알아둘 이야기

청년 시절에 파리스는 신들 앞에 불려가 그들 사이에서 발생한 어떤 논란을 중재하게 된 적이 있다. 이때 내려진 판결을 파리스의 선택이라고 한다.

이 일이 있기 몇 해 전 결혼식이 있었다. 영웅 펠레우스와 여신 테티스의 결혼식이 었는데, 이 결혼식에는 신들이 모두 초대를 받았으나 다툼과 불화의 여신 에리스만은 초대받지 못했다(에리스는 결혼식에 초대받지 못해 기분이 **몹시 언짢았다**). 에리스는 그녀가 초대받지 못한 이유를 입증이라도 하듯이 결혼식 연회를 망쳐놓았다. 에리스는 황금 사과를 들고 초대받지도 않은 결혼식장에 나타났다. 하지만 그 사과는 신부나 신랑에게 주는 선물이 아니었다. 에리스는 함께 모여 있던 세 여신, 곧 헤라와 아테나, 아프로디테를 향해 황금 사과를 가볍게 던졌다. 그 사과에는 "가장 어여쁜 신을 위하여"라는 문구가 새겨져 있었다. 세 여신은 자신이 가장 어여쁘다고 확신했고 서로 황금 사과는 자신의 것이라고 주장했다! 자연히 논란이 일었다. 헤라와 아테나, 아프로디테, 이 세 여신은 자기들 사이에서 우열을 가리는 문제였으므로 한 치도 물러섬이 없었다.

❧

신화에서 에리스가 언급되는 경우는 드물지만, 일단 언급된 경우를 보면 확실히 무시하지 못할 신이었다. 트로이 전쟁을 일으킨 것도 근원을 따져 보면 에리스가 원인이었고, 전쟁터를 돌아다니며 인간들이 더 많은 피를 흘리도록 부추기곤 했다.

(불화의 사과로도 알려진) 황금 사과를 놓고 논란이 지나치게 가열되자 신들은 제우스에게 이 문제를 중재해달라고 요청했다. 제우스는 자신의 아내와 총애하는 딸, 그리고 사랑의 여신을 번갈아 쳐다보면서 이 문제는 자신이 결정할 일이 아님을 깨달았다. 누구를 선택하든 골치 아플 게 뻔했다. 이 일을 떠맡기 싫었던 제우스는 장차 트로이 출신의 청년 파리스가 와서 판결을 내려줄 것이라고 선언했다.

그때가 되자 제우스는 헤르메스를 보내 파리스를 데려왔다. 트로이 출신의 청년은 제우스와 헤라, 아테나, 그리고 아프로디테 앞에 섰다. 드디어 **가장 어여쁜 신이 누구냐**는 논란에 마침표를 찍는 순간이 되었다. 세 여신은 자신을 선택하도록 각자 파리스를 설득했다. 헤라는 파리스에게 권력을 약속했다. 만약 가장 어여쁜 여신으로 자신을 선택해준다면 그를 강력한 왕으로 만들어주겠노라고 했다. 아테나는 모든 전쟁의 승리를 약속했다. 만약 그녀를 선택한다면 전쟁에서 패하는 일은 절대 없을 것이라고 말했다. 아프로디테는 사랑, 곧 여인을 약속했다. 세상에서 가장 아름다운 여인을 파리스에게 주겠다는 것이었다.

파리스는 아프로디테를 선택했다. 혈기왕성한 청년에게 아름다운 여인보다 더 근사한 제안은 없었다! 이 결정으로 세상에서 가장 아름다운 여인이 누구인지 밝혀졌는데 그것은 헬레네였다. 하지만 그녀는 스파르타의 메넬라오스 왕과 갓 결혼한 몸이었다.

사랑의 여신이 헬레네를 주겠노라고 직접 약속했기에 파리스는 그녀를 강제로라도 데려갈 권리가 있다고 느꼈다. 파리스는 밤중에 헬레네를 몰래 빼돌렸으며 그들이 떠나고 나서 한참 뒤에야 메넬라오스는 아내와 파리스가 함께 사라진 것을 깨달았다. 헬레네가 자진해서 파리스를 따라갔는지 아닌지 그 여부는 알려지지 않았다. 고대 그리스에서 여자들은 발언권이 크지 않았지만, 헬레네라면 파리스와 함께 떠나는 것을 자발적으로 선택했을 **가능성**이 농후하다. 어느 쪽이든 파리스와 헬레네는 그리스 본토에서 한동안 "허니문" 여행을 즐겼고, 이후 트로이에 돌아가서는 뭇 사람들의 몰매를 맞아야 했다. 한편, 메넬라오스는 그의 형 아가멤논을 찾아가 이 같은 모욕을 무엇으로 설욕할지 의논했다. 아가멤논은 전쟁을 제안했다(트로이 전쟁에 관해서는 아가멤논, 아킬레우스와 파트로클로스 편을 참조하자).

우리가 몰랐던 이야기

파리스는 꽤 시건방지고 방자한 인물로 묘사되는데 파리스가 세 여신 중 아프로디테를 선택한 일화도 이런 인물평을 형성하는 데 일조했다. 트로이 전쟁이 시작되고 트로이 병사들이 속속 전장에서 쓰러져 갈 때도 파리스는 가능한 한 전투에는 참여하지 않고 멀리서 관망하려고 했고, 실제로 전투를 치르는 일은 그의 형 헥토르에게 떠넘겼다. 헥토르야말로 트로이의 진정한 영웅이었다.

아가멤논

아가멤논은 누구인가?

미케네 왕 아가멤논은 스파르타 왕 메넬라오스의 형이었다(메넬라오스는 스파르타 공주 헬레네와 결혼해 왕위를 차지했다). 끔찍한 저주가 내린 아트레우스 가의 후손이었던 그는 비극적 삶을 살아갈 운명이었다(탄탈로스와 그의 가족 편을 참조하자. 그는 가계도에서 **한참** 아래에 위치한다).

아가멤논은 메넬라오스의 아내 헬레네를 되찾는다는 명분을 내걸고 트로이와 전쟁을 치르기 위해 바다를 항해했던 그리스군의 사령관이었다. 하지만 헬레네를 되찾는다는 것은 얄팍한 명분에 불과했고 아가멤논에게는 오직 전쟁에서 이기는 것만이 목표였다. 그는 고대 신화 인물들 가운데 전쟁광을 대표하는 인물로 꼽힌다. 2004년도 영화 《트로이》를 본 사람들은 이 영화에 나오는 아가멤논을 떠올릴 텐데 여기서 아가멤논의 됨됨이나 성격은 신화를 충실하게 재현한다(추가로 설명을 보충할 게 거의 없을 정도다).

우리가 알아둘 이야기

아가멤논에 관한 이야기는 대부분 그 출처가 《일리아드》이며 트로이 전쟁을 다룬 초기 작품 가운데 하나다(아가멤논 이야기의 잔혹한 결말에 관해서는 클리타임네스트라와 그 자녀들 편을 참조하자).

장기간 트로이와 전쟁을 치르는 동안(이 전쟁은 장장 10년간 치러졌다) 그리스군의 첫째가는 영웅 아킬레우스는 아가멤논이 일을 처리하는 방식에 신물이 났다. 그리스군은 수많은 도시와 마을을 급습해 약탈했다. 그들이 노예로 부리려고 사로잡은 포로 중에 크리세이스라는 여인이 있었는데 이 여인의 아버지는 아폴론 신을 섬기는 사제였다. 그가 그리스 진영을 찾아와 딸을 풀어달라고 간청했다. 아가멤논은 그 청을 거절했고 그 대가로 아폴론 신이 그리스 진영에 역병을 퍼뜨렸다. 이윽고 역병이 심해지자 아가멤논은 하는 수 없이 신의 뜻에 굴복하며 크리세이스를 부친에게 돌려주었다(아가멤논은 손을 쓸 수 없을 정도로 사태가 **심각해지고 나서야** 고집을 꺾었다). 하지만 한 가지 조건을 달았다. 그가 소유했던(끔찍한 사고방식이다) 여인 크리세이스를 포기하는 대신 아킬레우스가 소유했던(마찬가지로 끔찍하다) 여인 브리세이스를 자신이 차지하겠다는 것이었다. 사령관이 그 같은 결정을 내리자 아킬레우스는 트로이 전쟁에서 더는 그리스군을 지원하지 않겠다고 선언했다. 아킬레우스 개인은 물론, 그가 데려온 미르미돈 병사들도 더는 전투에 참전하지 않았다.

아가멤논은 처음에는 태연한 척했지만, 그리스군에 **아킬레우스의 도움이 절실하다**는 사실이 금세 드러났다. 아킬레우스는 여신의 아들로서 가장 용맹한 전사였다. 아가멤논과 그리스군은 아킬레우스 없이 트로이군의 공세를 막아내며 버틸 만큼 버틸 심산이었다. 하지만 트로이군에는 헥토르가 있었다. 아킬레우스라는 맹장이 없는 그리스군에 트로이의 맹장 헥토르와 맞설 수 있는 장수는 없었다.

전쟁을 치르는 내내 신들은 그리스와 트로이의 운명에 개입했다. 다른 이유도 있겠지만 파리스가 아프로디테를 선택한 것에 앙심을 품은 아테나와 헤라는 트로이를 미워했기에 그리스의 승리를 돕기 위해 갖은 노력을 기울였다. 한편, 아폴론과 아프로디테는 트로이군을 도와 그리스군을 격파하려고 했고, 제우스도 이따금 트로이를 편들었다.

아가멤논은 아킬레우스를 설득해 전투에 참여하도록 만들어야 한다는 사실을 인정할 수밖에 없었다. 아가멤논은 다른 장수들과 의논한 끝에 가능한 모든 선물과 보상을 동원해 아킬레우스를 설득하기로 했다. 그들은 아킬레우스를 찾아가 원하는 것은 무엇이든 들어주기로 제안했다. 하지만 그 어떤 조건도 아킬레우스가 자존심을 내려놓고 그리스 편에서 다시 트로이군과 싸우도록 마음을 바꾸기에는 역부족이었다(그의 마음을 되돌리는 데 무엇이 필요했는지 알고 싶다면 아킬레우스와 파트로클로스 편을 참조하자).

우리가 몰랐던 이야기

아가멤논의 황금 가면은 미케네 지역에서 발견된 고대 청동기 시대의 유물이다. 이 가면이 아가멤논의 것일 확률은 높지 않지만, 이때 유물을 발견한 사람이 트로이 전쟁을 실제 역사로 간절히 믿고 싶었던 터라 그렇게 이름을 붙였다. 이후로 비슷한 가면이 많이 발굴되었으며 아가멤논의 이름을 붙인 가면은 사실은 누구의 것인지 모르는 수많은 가면 가운데 하나일 뿐이다.

프티아의 왕자와 그의 오랜 동료

아킬레우스와 파트로클로스

아킬레우스와 파트로클로스는 누구인가?

아킬레우스는 프티아의 펠레우스 왕과 테티스 사이에서 태어난 아들이었다. 테티스는 해신 네레우스의 딸로 바다의 님프이자 여신이었다. 불화의 사과 때문에 여신들 사이에 큰 소동이 빚어진 것도 아킬레우스 부모의 결혼식 때 벌어진 일이었다. 파트로클로스는 소년일 때 고국을 떠나 프티아로 망명 갔다. 실수로 한 소년을 죽이는 바람에 프티아에서 속죄해야 했다(살인자는 이런 식으로 다루어졌다. 고국을 떠나 다른 나라로 망명해 그들의 지도자에게 속죄할 방도를 구했다). 파트로클로스는 프티아에서 아킬레스와 함께 성장했고 매우 친한 사이가 되었다.

매들린 밀러의 소설 《아킬레우스의 노래》를 통해 아킬레우스와 파트로클로스를 알게 된 이들도 있을 것이다. 이 소설에서는 두 사람의 관계가 로맨스로 발전한다. 혹은 브래드 피트가 아킬레우스로 분한 2004년도 영화 《트로이》를 통해 알게 된 이들도 있을 텐데, 이 작품에서는 두 사람이 사촌 관계로 묘사되었다(두 사람이 연인 사이였는지는 논란의 여지가 있지만, **확실히** 사촌지간은 아니었다).

우리가 알아둘 이야기

트로이 전쟁의 많은 영웅과 마찬가지로 아킬레우스와 파트로클로스의 이야기는 거의 그 출처가 호메로스의 《일리아드》이다. 둘의 이야기는 아가멤논의 문제 해결 방식과 아킬레우스의 완고함을 중심으로 펼쳐진다. 아킬레우스는 미르미돈 병사들과 함께 공식적으로 트로이 전쟁에 참여하지 않기로 결론을 내기 전에 모친인 테티스 여신을 찾아 대화를 나눴다. 아킬레우스는 자신이 노예로 삼은 여자를 아가멤논이 빼앗아 갔다고 이야기했다. 이 말을 들은 테티스는 제우스를 찾아가 아킬레우스를 도와 그리스군을 응징하고, 트로이군이 그리스군을 괴멸시킬 수 있게 해달라고 부탁했다.

아가멤논은 아킬레우스의 도움이 간절했기에 다른 그리스군 장수들과 머리를 싸매고 회의한 끝에 온갖 선물을 제공하겠다고 제안했지만, 아킬레우스는 전장에 복귀하기를 거부했다. 자신이 업신여김을 당했다고 느꼈던 아킬레우스는 여기서 굴복하고 그리스군을 돕는 것은 자신을 수치스럽게 만들 뿐이라고 생각했다. 자신이 그리스군 장수 가운데 가장 중요하고 정의로운 사람임에도 그렇게 인정받지 못하는 것 같아 아킬레우스는 참을 수가 없었다. 그러나 네스토르(아르고호 원정대원 가운데 한 명)가 파트로클로스에게 그리스군을 도와달라고 간청하면서 모든 것이 바뀌었다. 네스토르는 그리스군 장수들이 대부분 부상에 시달려 상황이 아주 심각하다고 설명하고는 파트로클로스에게 아킬레우스의 갑옷을 입고 출전해 마치 아킬레우스가 싸우는 것처럼 위장해달라고 설득했다. 그렇게만 해도 트로이군은 겁에 질릴 것이고, 그리스군이 곁에서 지킬 테니 파트로클로스가 위험에 처할 일은 없을 것이라고 말했다. 진짜 아킬레우스가 될 필요는 없었고 단지 아킬레우스처럼 보이기만 하면 된다는 것이었다.

파트로클로스는 네스토르의 설득에 마음이 움직였다. 수많은 그리스 병사들이 다치거나 죽어가는 모습을 보면서 마음이 아팠을 뿐만 아니라 아킬레우스처럼 완고한 성격도 아니었다. 네스토르의 제안을 들은 파트로클로스는 아킬레우스를 설득해 그의 갑옷을 빌렸다. 그는 그리스군이 그를 지켜줄 것이기에 그가 다치는 일은 없을 것이고, 단지 아킬레우스처럼 보이기만 하면 된다고 설득했다. 아킬레우스가 그의 청을 들어주자 파트로클로스는 갑옷을 입고, 그리스의 영웅처럼 전차를 몰아 전장으로 달렸다.

안타깝게도 일은 계획대로 풀리지 않았다. 전장에 있던 헥토르가 그를 틀림없는 아킬레우스라고 여겨 덤볐기 때문이다. 파트로클로스는 헥토르 손에 목숨을 잃고 말았다. 친구의 죽음은 아킬레우스에게 전장에 복귀하는 데 필요한 명분이 되었다. 아킬레우스는 망연자실했다. 먼저 파트로클로스의 장례를 마치고 난 아킬레우스가 원하는 것은 오로지 헥토르를 죽이는 것뿐이었다. 그는 미친 듯이 전장으로 달려갔고, 그의 길을 가로막는 이들을 모조리 죽였다. 그리고 끝내 헥토르의 목숨을 빼앗았다.

❧

아킬레우스가 파트로클로스의 죽음으로 겪는 슬픔과 고통은《일리아드》에서 가장 기억할 만한 순간으로 손꼽힌다. 이전까지만 해도 아킬레우스는 자기중심적이고 답답한 사람이었지만 이 비극을 겪은 후로는 새로운 인물로 탈바꿈한다.

《일리아드》는 헥토르의 죽음과 함께 곧 막을 내리지만, 아킬레우스는 트로이 전쟁 막바지에 파리스가 쏜 화살이 그의 발목에 명중해 죽음을 맞는다. 발목은 그의 몸에서 가장 취약한 부위였다. 그의 어머니는 아킬레우스를 불멸의 몸으로 만들고자 아기 때 그의 몸을 신비한 물에 담갔는데 그때 손에 쥔 발목 부분이 물에 닿지 않았기 때문이다.

우리가 몰랐던 이야기

아킬레우스와 파트로클로스가 연인 사이였다고 명시되어 있지는 않지만, 이를 암시하는 증거는 많다. 두 사람은 늘 붙어 지냈고 서로 애정이 깊었다. 이런 이유로 두 사람이 오랜 연인 사이였다고 추정되고 매들린 밀러의 아름다운 소설도 이 해석을 따르고 있다.

아가멤논의 아내, 미케네의 왕비, 그리고 그 자녀인
이피게네이아, 오레스테스, 엘렉트라

클리타임네스트라와
그 자녀들

클리타임네스트라와 그 자녀들은 누구인가?

스파르타의 공주 클리타임네스트라는 제우스와 레다의 딸이며 헬레네의 여동생이었다. 그녀는 아가멤논과 결혼해 미케네의 왕비가 되었다(아가멤논은 헬레네의 첫 남편인 메넬라오스의 형이기도 하다). 클리타임네스트라와 아가멤논 사이에는 3명의 자녀가 있는데 이피게네이아, 오레스테스, 엘렉트라이다(이설에는 자녀가 4명으로 나오는데 크리소테미스라는 딸이 더 있다).

이피게네이아는 젊은 나이에 죽었다. 아가멤논이 딸인 이피게네이아를 제물로 바쳤기 때문이다. 그리스군의 사령관이었던 아가멤논은 파리스와 헬레네의 야반도주를 빌미로 트로이와 전쟁을 치를 계획이었다. 하지만 그가 여신 아르테미스의 노여움을 사는 바람에 아울리스 항구에 결집한 그리스군 함대가 출항해야 할 시기에 바람이 전혀 불지 않았다. 아가멤논은 그의 딸을 제물로 바치면 이 문제가 해결되리라는 신탁을 들었다. 그는 잘생기고 명망 높은 왕자 아킬레우스에게 시집보내려 한다는 거짓말로 딸을 아울리스로 유인했고, 딸이 자신의 결혼식이 열리는 줄로 착각하고 그곳을 찾아오자 그녀를 제물로 바쳤다. 아가멤논은 딸을 죽이기로 한 결정으로 종국에는 자신도 죽임을 당한다(마땅한 인과응보였다).

우리가 알아둘 이야기

아가멤논이 가족과 고국 미케네를 떠나 10년 동안 트로이 전쟁을 치른 뒤 마침내 고국에 돌아왔다. 그는 혼자가 아니었다. 트로이에서 포획한 노비 카산드라와 함께였다. 카산드라는 트로이의 공주이자 신통력 있는 여사제였지만 저주를 받아 아무도 그녀의 말을 믿어주지 않았다. 아가멤논이 떠나있는 동안 클리타임네스트라는 남편의 사촌이자 숙적인 아이기스토스와 더불어 남편을 살해할 방도를 모의했다. 원래 아가멤논의 사촌인 아이기스토스는 미케네를 장악하려고 시도했다가 그 때문에 감금되어 있었다. 하지만 클리타임네스트라는 그를 풀어주었고, 아가멤논이 없는 사이에 두 사람은 연인 사이로 발전했다. 두 사람은 아가멤논을 살해하기로 마음을 맞추고 차근차근 계획을 세웠고, 왕이 전쟁터에서 돌아왔을 때는 그 계획을 실행에 옮길 만반의 준비를 끝냈다. 아가멤논이 왕궁에 들어오자 클리타임네스트라는 그를 위해 준비한 욕조로 안내하고 그가 욕조에 들어가자 아이기스토스와 함께 그를 잔혹하게 살해했다. 욕조는 그야말로 피바다가 되었다.

　클리타임네스트라와 아가멤논의 남은 자식들, 곧 엘렉트라와 오레스테스는 어머니의 결정을 지지하지 않았다. 그들은 어머니에게 살해당한 아버지의 원한을 풀어드리고자 했다. 오레스테스는 아가멤논이 전쟁터에 있는 동안 다른 지역으로 피신해 있었는데 그가 고국에 돌아왔을 때는 아버지가 이미 세상을 떠난 뒤였다. 그는 누나인 엘렉트라를 찾아갔고 어머니의 만행에 함께 분노했다. 두 사람은 어머니 클리타임네스트라와 그녀의 연인 아이기스토스를 살해할 방법을 모의한 뒤 실행에 옮겼다. 계획을 실행에 옮긴 사람이 오레스테스였다는 설도 있고, 엘렉트라였다는 설도 있다.

오레스테스는 살인을 저지른 후 그의 죄를 벌하려는 복수의 여신들인 에리니에스에게 쫓겼다. 오레스테스가 험난한 과제를 수행함으로써 자신의 죄과를 씻어냈을 때 비로소 복수의 여신들도 그를 떠났다.

우리가 몰랐던 이야기

클리타임네스트라와 그 자녀들의 이야기는 대부분 호메로스의 작품에 뿌리를 두고 있으나(아가멤논의 비극적 최후에 관해서는 《오디세이》에 서술되어 있다) 이 이야기를 다룬 여러 비극 작품을 보면 세부적인 내용에서 조금씩 차이를 보인다. 그리스 비극작가로 손꼽히는 아이스킬로스, 소포클레스, 에우리피데스 모두 클리타임네스트라의 이야기를 썼다(이들이 쓴 작품은 2400년이 넘는 세월을 살아남았다).

아이스킬로스의 《오레스테이아》는 그리스 비극 가운데 지금까지 유일하게 남은 3부작이다. 이 3부작은 아가멤논이 귀국해서 죽임을 당하는 이야기(《아가멤논》), 오레스테스가 귀환해 클리타임네스트라와 아이기스토스를 살해하는 이야기(《제주를 바치는 여인들》), 그리고 오레스테스가 복수의 여신들에게 심판받는 이야기(《에우메니데스》)로 구성되었다. 소포클레스는 클리타임네스트라를 살해하는 이야기인 《엘렉트라》를 썼고, 에우리피데스는 살인과 그 이후의 이야기를 각각 다룬 《엘렉트라》와 《오레스테스》를 썼다.

《에우메니데스》는 "자비로운 여신들"이라는 뜻으로 여기서는 살인자, 특히 친족 살인자들을 벌하는 역할을 맡은 에리니에스(복수의 여신들)를 지칭한다. 사람들은 이 여신들의 진짜 이름을 불렀다가 화를 더 돋우게 될까 봐 두려워서 에우메니데스로 불렀다고 한다.

오디세우스

또 다른 이름

율리시스(로마식 이름)

오디세우스는 누구인가?

호메로스가 쓴 《오디세이아》의 주인공 오디세우스는 이타카의 군주였다. 《오디세이아》는 트로이 전쟁이 끝난 이후 오디세우스가 고국인 이타카로 돌아가기까지 실수와 비극으로 점철된 여정을 자세히 전한다(트로이 전쟁과 《일리아스》에 관해 더 자세한 내용은 파리스, 아킬레우스와 파트로클로스, 아가멤논 편을 참조하자).

    오디세우스라고 하면 무엇보다 영악한 지략가로 유명했다. 말하자면 그는 공작 전문가였다. 《일리아스》 전반에 걸쳐(그러니까 트로이 전쟁 내내) 오디세우스는 여느 그리스군 장수들과 달리 냉철한 분별력을 보여준다. 2004년도 영화 《트로이》를 본 사람들은 숀 빈의 연기를 통해 오디세우스를 만났을 것이다. 그리스의 고전 《오디세이아》역시 수많은 작가에 의해 각색되거나 영화로 만들어졌는데, 일례로 제임스 조이스의 유명한 소설 《율리시스》와 2000년도 영화 《오 형제여 어디에 있는가》 등이 있다.

오디세우스는 트로이에 가고 싶지 않아서 참전하지 않으려고 온갖 꾀를 부렸으나 소용이 없었다. 하지만 어차피 참전하게 될 줄 알았다면 미친 사람 행세까진 하지 않았을 것이다. 오디세우스에게는 페넬로페라는 아내가 있었다. 페넬로페는 스파르타의 공주였고 헬레네와 클리타임네스트라와 사촌지간이었다. 전쟁이 시작되기 얼마 전에 오디세우스와 페넬로페 사이에는 텔레마코스라는 아들이 태어났다. 오디세우스는 아직 걸음마도 떼지 못한 텔레마코스를 두고 트로이로 떠나야 했고, 이후 **20년** 동안 고향에 돌아오지 못했다.

우리가 알아둘 이야기

오디세우스는 트로이 전쟁이 끝나고도 칼립소라는 님프가 지배하는 섬에 갇혀 여러 해가 지나도록 벗어나지 못했다. 그리스로 돌아가기 위해 지중해에 배를 띄웠을 때만 해도 그는 수많은 병사와 함께 여러 척의 함선을 이끌고 있었지만, 이제 그의 곁에는 아무도 남지 않았다. 칼립소는 오디세우스와 결혼하길 바랐다. 하지만 벌써 7년이나 칼립소와 지낸 오디세우스는 고국에 있는 아내와 아들에게로 돌아가고 싶은 마음뿐이었다(그 긴 세월 동안 오디세우스는 칼립소와 나름 즐겁게 지냈으리라. 그가 성자도 아니지 않은가. 하지만 이제는 고향에 돌아갈 준비가 되었다). 결국 칼립소가 오디세우스를 보내주었고(신들이 칼립소에게 명령했기 때문이다) 항해를 떠난 오디세우스는 파이아케스인들이 사는 섬에 다다랐다. 거기서 오디세우스는 사람들에게 자신의 모험담을 차근차근 들려주었다.

먼저 오디세우스는 연꽃 먹는 사람들의 섬에서 있었던 일을 이야기했다. 오디세우스는 그 섬에 정박한 지 얼마 되지 않아 자신들이 곤경에 빠졌음을 깨달았다. 섬사람들이 병사들에게 연꽃을 대접했는데 그 꽃을 먹자마자 병사들이 자신의 기억은 물론, 이타카로 돌아가려던 의지마저 상실해버렸기 때문이다. 그다음으로 오디세우스 함대가 정박한 곳은 키클롭스 섬이었다. 그곳에서 다수의 병사가 키클롭스에게 잡아먹혔다. 그들은 젖 먹던 힘을 다해 노를 저어 그 섬에서 도망쳤다. 이어서 그들은 아이올로스의 섬에 정박했다. 아이올로스는 바람을 주관하는 신으로서 오디세우스에게 서풍이 들어있는 가죽 부대를 선물하며 이타카로 돌아갈 방도를 알려주었다. 선원들은 밤낮으로 쉬지 않고 항해했고, 마침내 이타카가 눈에 들어오자 오디세우스는 잠시 낮잠을 청했다. 그런데 아이올로스가 선물로 준 가죽 부대에 무엇이 들었는지 궁금했던 선원들이 그만 가죽 부대를 열어보았다. 그러자 서풍이 빠져나왔고, 그 바람에 배는 경로를 이탈해 지중해 한가운데서 다시 표류하게 되었다. 오디세우스는 망연자실했다.

서풍 사건이 있고 나서 오디세우스와 병사들은 라이스트리고네스 족이 사는 섬에 닿았다. 하지만 이 원주민들은 식인종이었고 그 사실을 알아차리고 서둘러 섬을 떠나려고 했지만 항구가 봉쇄되어 다수의 선박이 빠져나오지 못했다. **수많은** 병사가 그 섬에서 죽임을 당했다.

몇 척 남지 않은 함선을 이끌고 살아남은 병사들과 함께 다시 항해에 오른 오디세우스는 이윽고 아이아이에섬에 당도했다. 이곳은 키르케라는 마녀가 다스리는 섬이었다. 키르케는 오디세우스에게 고향으로 돌아가는 항해를 이어가기 위해서는 지하 세계를 방문해야 할 것이라고 충고했다. 오디세우스는 지하 세계를 방문했고, 망자의 혼과 대화를 나누어 이타카에 도달하기까지 어떤 일을 겪게 될지 예언을 들었다. 지하 세계에서 돌아온 오디세우스와 남은 병사들은 항해를 이어갔다. 그들 앞에는 여러 난관이 놓여 있었지만, 키르케로부터 이미 조언을 들었기에 장차 어떤 난관에 직면하게 되고, 이들 난관을 어떻게 극복해야 하는지 알고 있었다. 첫 번째 난관은 세이렌이었다. 이 살벌한 여인들을 무사히 지나쳐 가려면 이들이 부르는 노래를 절대 듣지 말아야 했다. 두 번째 난관은 무시무시한 바다 괴물 스킬라와 카리브디스를 상대하는 일이었다. 그리고 마지막 난관은 트리나키아섬에 정박하는 일이었다. 오디세우스는 병사들에게 이 섬에 있는 성스러운 암소들은 헬리오스 신의 소유이므로 절대로 잡아먹어서는 안 된다고 지시했다. 하지만 굶주린 병사들은 그 지시를 어겼고(병사들이 **전부** 죽었다), 이 때문에 오디세우스 칼립소가 사는 섬에 홀로 다다르게 된다.

한편, 이타카에서는 페넬로페가 구혼자들의 구애를 물리치느라 오래전부터 곤욕을 치르고 있었다. 그녀와 텔레마코스는 오디세우스가 돌아오기만을 학수고대하며 시간을 끌었고, 기나긴 세월 동안 구혼자들이 보여준 행태에 지칠 대로 지쳐 있었다. 사방에서 몰려든 구혼자들은 무례하기 짝이 없었으며 날이면 날마다 궁에서 연회를 벌이며 음식을 축냈다. 오디세우스는 파이아케스인들의 배를 얻어 타고 드디어 이타카에 도착했다. 하지만 자신의 존재를 곧바로 드러내지 않고 궁에 있는 구혼자들을 어떻게 처리할지 계획을 세웠다. 그는 거지로 위장해 왕궁에 들어갔다. 저녁 만찬 시간이 되자 오디세우스는 20살이 된 아들 텔레마코스와 함께 페넬로페를 오랜 세월 괴롭히던 구혼자들(무려 1백 명이 넘는다!)을 전부 살해하고 드디어 아내 앞에 모습을 드러냈다. 오디세우스가 무사히 귀향하기까지 무려 20년의 세월이 걸렸다.

우리가 몰랐던 이야기

트로이와 전쟁을 치르고 싶지 않았던 오디세우스는 참전을 피하려고 미친 사람 행세를 하며 사람들을 속이려고 했다. 그리스군이 오디세우스를 데려가려고 이타카에 도착하자 오디세우스는 자신의 정신이 온전치 않음을 보이려고 씨앗 대신 소금을 뿌리며 밭을 갈았다. 그러나 그리스인들은 그가 자신들을 속이려 한다고 의심해 쟁기로 밭을 갈고 있는 오디세우스 앞쪽에 그의 아들을 내려놓았다. 오디세우스가 제정신이라면 아들이 다치는 것을 무릅쓰면서까지 밭을 갈지는 않으리라고 생각한 것이다. 그들이 옳았다. 텔레마코스가 위험해지자 오디세우스는 자신이 멀쩡하다는 사실을 밝히고 그들과 함께 전쟁터로 떠났다.

꒰

키클롭스, 포세이돈의 아들

폴리페모스

폴리페모스는 키클롭스, 즉 외눈박이 거인이었다. 태곳적에 가이아와 우라노스가 낳은 키클롭스 세 명이 있는데 이들은 그리스 신화에 등장하는 최초의 키클롭스이며 항렬도 무척 높다. 폴리페모스는 비교적 젊은 키클롭스이고 포세이돈과 님프인 토오사의 아들이었다. 포세이돈은 그의 아들 폴리페모스를 무척 사랑했다(이 사실이 오디세우스의 운명을 가르는 데 지대한 영향을 끼쳤다).

폴리페모스는 자신만의 섬을 하나 가지고 있었다. 그 섬 바로 건너편에 또 다른 섬이 있는데 거기에는 더 많은 키클롭스가 살았지만, 폴리페모스는 양과 염소 떼를 친구 삼아 자신의 섬에서 홀로 지냈다. 어느 날 오디세우스의 배가 이 섬에 정박하기 전까지 이 섬에는 폴리페모스 혼자뿐이었다. 오디세우스와 병사들은 섬에 사람이 사는지 혹은 먹을 만한 식량이 있는지 확인하기 위해 섬 주변을 수색했다. 폴리페모스가 목초지에서 양 떼와 함께 있을 때 병사들이 우연히 폴리페모스가 사는 동굴을 발견했다. 거기에는 폴리페모스가 비축해둔 식량과 동물이 몇 마리 있었다. 오디세우스와 병사들은 그 동굴에 누가 혹은 무엇이 사는지 알아볼 생각도 않고 폴리페모스의 식량으로 배를 채웠다(정말 위험한 행동이었다!). 이윽고 폴리페모스가 집으로 돌아와 그만한 거인이 아니고서는 움직일 수 없는 거대한 바위를 굴려 동굴 입구를 막아버렸다. 오디세우스와 병사들은 폴리페모스가 어떻게 나올지 몰라 숨어서 가만히 기회를 엿봤다. 폴리페모스가 숨어 있던 인간들을 발견했고, 거기서 무엇을 하느냐고 묻기가 무섭게 병사들을 공격했다. 폴리페모스는 오디세우스의 병사들을 한 움큼 집어 들어 손으로 으깨더니 그들의 사지를 찢어 죽였다. 남은 병사들은 그저 서서 지켜보는 수밖에 없었다.

그날 저녁 남은 병사들은 잠을 이루지 못했다. 반면에 폴리페모스는 많은 양의 치즈와 병사들로 배를 채우고는 동굴에 갇힌 남은 병사들은 신경도 쓰지 않은 채 태평스럽게 잠이 들었다. 한편 오디세우스는 동굴을 가로막고 있는 바위를 인간의 힘으로는 도저히 움직일 수 없다는 사실을 깨달았다. 그 바위를 움직이려면 폴리페모스가 필요했다. 이튿날 폴리페모스가 동굴 입구를 막아 놓은 채 밖으로 나가 일과를 마치기까지 동굴 안에서는 오디세우스와 남은 병사들(폴리페모스가 아침에 몇 명을 더 잡아먹었다)이 탈출할 방도를 모색했다. 폴리페모스가 돌아오자 오디세우스는 그에게 포도주를 계속해서 권했다. 그는 폴리페모스와 잡담을 나누며 그가 술에 취하도록 유도했다. 오디세우스는 키클롭스의 호감을 사려고 애쓰는 가운데 자신의 이름을 '아무도안(Nobody)'이라고 소개했다.

오래지 않아 폴리페모스가 취해 잠에 곯아떨어졌다. 오디세우스는 이때를 놓치지 않고 그의 하나뿐인 눈을 찔러 앞을 못 보게 했다. 폴리페모스는 고통에 몸부림치며 소리를 질렀다. "내 눈을 멀게 한 사람은 아무도안이다!" 인근 섬에 사는 키클롭스들은 이 말을 듣고도 무슨 뜻인지 몰라서 도움을 줄 수가 없었다. 시간이 되자 폴리페모스는 고통스러워하면서도 양 떼들을 위해 동굴 입구를 막고 있던 바위를 치웠고, 오디세우스와 병사들이 달아나지 못하도록 입구를 지키고 섰다. 하지만 오디세우스와 병사들은 꾀를 냈고 폴리페모스가 키우는 양들의 배 밑에 매달렸다. 폴리페모스는 양들의 머리와 등을 어루만지며 양털을 확인하고서 양들을 통과시켰고, 동굴을 빠져나온 양들은 목초지로 이동했다. 오디세우스와 그의 병사들은 양들의 배 밑에 매달린 채 동굴 입구에서 충분히 멀어질 때까지 기다렸다가 함선을 향해 달음박질쳤고, 폴리페모스는 괴성을 지르며 그들을 추격했다. 오디세우스는 배를 출항시키고 나서 뒤를 돌아보며 폴리페모스에게 그의 진짜 이름은 이타카의 오디세우스라고 밝혔다. 이 사실을 알게 된 폴리페모스는 오디세우스가 자기에게 무슨 짓을 했는지 아버지 포세이돈에게 일러 바쳤고, 포세이돈은 오디세우스와 그의 함선들을 반드시 파멸시키기로 작심했다(오디세우스 편에서 확인할 수 있듯이 포세이돈의 계획은 매우 성공적이었다).

ᕊ

마녀 여신

키르케

또 다른 이름
키르케(Kirke, Circe와 철자가 다르다)

키르케는 마법에 능통한 마녀이자 여신이었다. 매들린 밀러의 소설 《키르케》를 통해 그녀를 만난 사람도 있을 것이다. 키르케는 티탄 신 헬리오스와 님프인 페르세이스 사이에서 태어난 딸이었다. 그리고 아이에테스와 파시파에(그렇다. 미노타우로스를 낳은 그 파시파에다)와는 자매 사이이며 또 다른 마녀 메데이아의 고모였다. 키르케는 님프들을 벗 삼고, 사자와 늑대들을 애완동물로 삼아 아이아이에섬에 살았다.

오디세우스와 그의 병사들이 섬에 상륙했을 때 키르케는 느닷없이 들이닥친 낯선 사내들에 맞서 자신을 지키려고 했다. 한 무리의 정찰대가 섬의 거주민들을 찾아 나섰다가 우연히 키르케의 궁전에 들렀다. 그녀는 과시하듯 그들을 궁전 안으로 초대했고, 음식과 음료를 대접했다. 병사들이 배불리 먹고 나자 키르케는 마법을 사용해 그들을

전부 돼지로 둔갑시켜버린 뒤 우리에 가두었다. 그러고는 아무 일도 없었던 듯이 평소처럼 지냈다. 다만 병사 한 명이 궁전 밖에서 이 모든 일을 목격했다는 사실은 알지 못했다.

키르케의 마법에 걸려들지 않고 탈출한 에우릴로코스가 오디세우스와 남은 병사들에게 달려가 마녀의 궁전에서 무슨 일이 있었는지 보고했다. 보고를 들은 오디세우스와 병사들은 키르케에게서 병사들을 구출하기 위해 궁전으로 향했다(에우릴로코스는 너무 두려워서 배에 남았다). 그런데 도중에 헤르메스 신이 나타나 오디세우스를 가로막았다. 헤르메스는 키르케의 마법을 피하는 방법을 알려주며 마법에 걸리지 않도록 해줄 약초를 오디세우스에게 건넸다. 병사들이 궁전에 도착하자 키르케는 전에 찾아왔던 병사들에게 했던 것과 마찬가지로 그들을 반갑게 맞았다. 키르케는 병사들에게 음식과 술을 대접했고, 이어서 동료 병사들에게 했던 것처럼 그들도 돼지로 둔갑시켰다. 하지만 놀랍게도 오디세우스만은 마법이 통하지 않았다. 키르케는 분통이 터졌다. 오디세우스가 키르케에게 덤벼들어 칼을 들이대자 그녀는 그가 누구인지 즉시 알아차리고 무릎을 꿇었다. 오디세우스를 도와준 헤르메스 신이 키르케에게 나타나 오디세우스라는 용맹한 사람이 트로이를 떠나 고국에 돌아가는 도중에 그녀의 섬을 방문하리라는 소식을 미리 전했기 때문이다.

그녀는 오디세우스에게 칼을 거두고 그 대신 자기와 동침하자고 제안했다. 그녀가 병사들을 풀어 주리라고 확신한 오디세우스는 그녀의 청을 받아들였다(아내를 떠나 혼자서 지낸 지도 오래되었지 않은가). 키르케와 동침한 후 오디세우스는 오랜만에 느긋한 기분으로 목욕을 즐겼다. 키르케는 약속대로 병사들을 원래의 모습으로 되돌려놓고, 그들이 섬에서 자유롭게 지내도록 허락했다. 오디세우스와 그의 병사들은 한동안 그 섬에 머물렀고, 키르케와 오디세우스의 관계는 더욱 깊어졌다. 때가 되어 오디세우스와 작별할 때 키르케는 그가 이타카로 무사히 돌아갈 수 있도록 도왔다.

한 쌍의 무시무시한 괴물

스킬라와 카리브디스

스킬라와 카리브디스는 호메로스의《오디세이》에 등장하는 한 쌍의 괴물로 유명하다. 두 괴물은 좁은 해협을 지나는 뱃사람들을 서로 협력해 죽였다. 스킬라는 흐늘흐늘한 다리가 여럿 달리고, 뱀처럼 목이 기다란 머리가 여섯 개나 달려있고, 날카로운 이빨을 드러내고 입에서 거품을 흘리며 개처럼 사납게 으르렁거리는 바다 괴물이었다. 스킬라는 비좁은 해협의 한쪽 벼랑 위에 살았다. 이 벼랑의 반대편에는 카리브디스가 있었다. 카리브디스는 마음먹은 대로 소용돌이를 일으키는 괴물로 어마어마한 힘으로 선박들을 죄다 집어삼켰다. 스킬라와 카리브디스가 뱃사람들을 위협하던 해협은 시칠리아섬과 이탈리아반도 사이에 있는 메시나 해협인 것으로 알려졌다.

오디세우스와 그의 병사들이 트로이 전쟁이 끝나고 이타카로 돌아가는 과정에서 마지막으로 넘을 또 다른 난관은 스킬라와 카리브디스가 지키는 해협을 통과하는 일이었다. 키르케가 오디세우스와 병사들에게 조언한 바에 따르면 매우 위험하긴 해도 스킬라가 있는 절벽에 더 가깝게 항해하며 해협을 통과하는 것이 최선책이었다. 이렇게 하면 어느 정도 희생이 불가피하겠지만, 이렇게 하지 않으면 카리브디스가 배를 통째로 집어삼킬 확률이 높았다. 오디세우스는 그 제안을 따랐다. 예상대로 스킬라는 기다란 목을 내밀고 여섯 개의 머리로 갑판 위의 병사들을 들어 올리더니 그대로 집어삼켜 버렸고, 아래 선원들은 속수무책으로 그 광경을 지켜보아야 했다. 미처 해협을 빠져나가지 못한 상황에서 이번에는 카리브디스가 거센 소용돌이를 일으키며 주변의 바닷물을 빨아들였다. 그 소용돌이가 얼마나 깊고 거대한지 바다 밑바닥이 드러날 정도였다.

다행히 해협을 통과했지만, 오디세우스는 나중에 또 다시 여기서 죽을 고비를 맞게 된다. 이후 병사들은 헬리오스 신의 암소들을 잡아먹는 죄를 지어 모두 죽임을 당하게 되고 오디세우스는 혼자서 이 해협을 다시 통과해야 했다. 이번에는 카리브디스를 통과할 수 없었다. 카리브디스가 무서운 기세로 배를 집어삼키기 직전에 오디세우스는 배에서 뛰어내려 근처 벼랑에 있는 무화과나무를 붙들고 겨우 목숨을 건졌다. 오디세우스는 힘겹게 나무에 매달린 채 뭐가 되었든 배의 잔해가 떠오르기를 기다렸다. 이윽고 배의 돛대가 카리브디스의 소용돌이 밖으로 튀어 나왔다. 오디세우스는 떠오른 그 돛대를 붙잡고 바다를 떠다니다가 칼립소의 섬에 다다랐다.

저자 소개

리브 앨버트(Liv Albert)

그리스 신화의 매력에 흠뻑 빠져 지낸다. 캐나다 몬트리올의 콘코디아 대학에서 고전 문명과 영문학 학사 학위를 취득했고, 토론토의 험버 컬리지에서 창의적 도서출판 프로그램을 이수했다. 리브 앨버트는 토론토에서 주요 출판사들과 협상하며 계약을 체결하는 등 다른 작가의 출판을 돕는 일을 했다. 그리고 2017년에 《신화 얘기 좀 해볼까요!》(*Let's Talk About Myths, Baby!*)라는 팟캐스트를 시작했다. 처음에는 한 여자가 거실에 앉아 떠들던 수다에 불과했던 이 팟방은 이제 그녀의 작업실에서 떠드는 수다로 성장했다. 이 팟캐스트 방송은 매년 수백만 건의 다운로드를 기록하며 캐나다에서 가장 큰 규모의 독립 팟캐스트 방송 가운데 하나가 되었다. 캐나다 브리티시컬럼비아 주의 빅토리아 시에 거주하는 리브 앨버트는 신화 분위기가 물씬 풍기는 아파트에서 루팽이라는 고양이와 함께 지낸다.

일러스트레이터 소개

사라 리차드(Sara Richard)

아이스너 상과 링고 상 후보에 오른 화가로 뉴햄프셔 출신이다. 그녀는 만화책 업계에서 주로 표지 디자이너로 8년간 일했다. 그전에는 해즈브로 장난감 회사에서 장난감 조각가로 일했으며 작은 공룡을 전문적으로 제작했다. 사라 리차드는 주로 아르데코, 아르누보, 1980년대 패션, 빅토리아 시대의 디자인에서 영감을 받는다. 그림이나 글을 창작하지 않을 때는 공포 영화를 즐기거나 방치된 묘의 묘비들을 청소하거나 19세기의 오래되고 특이한 유물을 수집한다. 사라리차드닷컴(*SaraRichard.com*)에 가면 사라 리차드의 작품을 일부 감상할 수 있다.

역자 소개

이주만

서강대학교 대학원 영어영문과를 졸업했으며, 현재 번역가들의 모임인 바른번역의 회원으로 활동 중이다. 옮긴 책으로는 『미라클 모닝 밀리어네어』 『아이를 위한 돈의 감각』 『힘이 되는 말, 독이 되는 말』 『끌림』 『탈출하라』 『다시, 그리스 신화 읽는 밤』 『처음으로 기독교인이라 불렸던 사람들』 『심플이 살린다』 『회색 코뿔소가 온다』 『사장의 질문』 『다시 집으로』 『나는 즐라탄이다』 『모방의 경제학』 『케인스를 위한 변명』 등이 있다.